다이나믹 프로그래밍

다이나믹 프로그래밍

ⓒ 하성욱, 2019

초판 4쇄 발행 2019년 6월 3일

지은이　　하성욱
펴낸이　　이기봉
편집　　　좋은땅 편집팀
펴낸곳　　도서출판 좋은땅
주소　　　서울 마포구 성지길 25 보광빌딩 2층
전화　　　02)374-8616~7
팩스　　　02)374-8614
이메일　　gworldbook@naver.com
홈페이지　www.g-world.co.kr

ISBN　978-89-93368-52-9 (94000)

정보올림피아드를 준비하는 **초중고생**을 위한 비전서

Dynamic
다이나믹
프로그래밍

저자 | 하성욱

좋은땅

다이나믹 프로그래밍
DYNAMIC PROGRAMMING

이 책에서는 동적 계획법 문제만을 수록한다. UVA 에 존재하는 동적 계획법 문제를 난이도에 관계없이 무작위로 추출하여 다루도록 할 것이다. KOI 는 매년 동적 계획법 문제가 꾸준히 출제되고 있다. 여러 유형의 동적 계획법 문제에 대한 응용력을 충분히 키워두어야 한다. 동적 계획법 문제가 배점이 대부분 높은 문제로 출제되고 있기 때문이다.

이전 책에서와 마찬가지로 문제에 대한 **풀이는 항상 짝수 페이지**에 쓰여질 것이다. 여러분이 풀이를 바로 볼 수 없도록 한 것이므로, 문제에 대해 충분히 생각하는 시간을 갖기 바란다.

저자 하성욱

CONTENTS

Chapter 01
D y n a m i c   P r o g r a m m i n g

UVA231 캐쳐 미사일 검사

국방부 무기 납품업체는 여러 공격 미사일을 차단하는 능력이 있는 캐쳐라고 불리는 새로운 방어용 미사일의 시험 검사를 방금 완료했다. 캐쳐는 훌륭한 방어용 미사일이 될 것이다. 캐쳐는 빠른 속도로 앞, 뒤, 옆으로 이동할 수 있다. 그리고, 위험하지 않게 공격용 미사일을 차단할 수 있다. 그러나, 한가지 결함이 존재했다. 캐쳐는 초기 높이에 도달하도록 발사되면, 차단한 마지막 미사일보다 더 높이 움직일 동력을 갖고 있지 못했다.

납품업체가 완료했던 시험 검사는 컴퓨터 전쟁 시뮬레이션에서 적군이 공격하는 상황이다. 단지 검사이기 때문에, 시뮬레이션이 캐쳐의 수직 이동 능력만 검사하였다. 각 시뮬레이션에서 캐쳐는 일정한 시간 간격으로 발사된 공격 미사일의 순서에 따라 발사된다. 각각의 공격 미사일에 대해 캐쳐가 얻는 정보는 순서대로 발사되는 공격 미사일이 차단될 지점의 높이로만 구성되었다. 하나의 검사에서 사용되는 공격 미사일은 단지 하나의 순열로 표현된다.

각 시험 결과는 순서대로 발사된 공격 미사일과 캐쳐에 의해 차단된 미사일의 최대 개수가 보고된다.

회계 감사원은 군 납품업체가 제출한 시뮬레이션 시험 결과에 따라 캐쳐가 기준치를 만족하는지를 확인하길 원했다. 여러 시험 데이터로 검사한다. 공격 미사일을 표현하는 입력 데이터를 입력 받아서, 캐쳐가 차단할 수 있는 미사일의 최대 개수를 출력하는 프로그램을 작성해야 한다. 각 시험 검사에서 공격 미사일에 대해서, 캐쳐는 아래 두 가지 조건 중 하나를 만족하거나 둘 모두를 만족하면 캐쳐가 미사일을 차단할 수 있다.

공격 미사일이 첫 번째 미사일인 경우

- 또는 -

차단된 마지막 미사일 이후에 발사된 미사일이 차단된 마지막 미사일보다 높이가 높지 않은 경우

입력

입력 데이터는 여러 개의 시험 검사 데이터가 입력된다. 각 검사 데이터는 공격 미사일의 높이를 나타내는 32,767 이하의 양의 정수가 하나 이상으로 이루어진 순열로 구성된다. 각 검사 패턴의 마지막은 -1 로 표시된다. -1 값은 미사일의 높이를 나타내는 것은 아니며, 단지 검사 패턴의 마지막을 나타내는 의미 없는 수일 뿐이다. 검사 패턴의 값으로 처음부터 -1 이 입력된다면, 입력 파일의 끝을 나타내는 값이다.

출력

각 시험 검사 패턴에 대해서 검사 번호를 "Test #1, Test #2, ..." 형식으로 먼저 출력하고, 캐쳐가 차단할 수 있는 공격 미사일의 최대 개수를 출력 예제와 같은 형식으로 출력한다. 최대 개수는 검사 패턴 번호 아래에 출력하도록 한다. 각 시험 검사에 대한 결과를 구분하기 위해 공백 한 줄씩을 검사 결과 사이에 출력하도록 한다.

주의: 미사일의 개수는 한계가 없다. 무한 개의 미사일에 처리되도록 프로그램 되어야 한다.

입력 예제

```
389
207
155
300
299
170
158
65
-1
23
34
21
-1
-1
```

출력 예제

```
Test #1:

  maximum possible interceptions: 6

Test #2:

  maximum possible interceptions: 2
```

메모장

풀이

이 문제는 최장 감소 수열(LDS: Longest Decreasing Sequence)로서 해결할 수 있다. 메모리 소모를 줄이기 위해 이전에 저장된 데이터를 활용하여 갱신하는 방식을 사용한다. 예를 들어 입력 예제의 첫 번째 데이터를 살펴보자.

```
389
207
155
300
299
170
158
65
```

LDS 를 적절히 구현하기 위해서는 1 차원 배열을 사용한다. 현재 사용하고 있는 길이를 저장하기 위한 변수도 필요하다. 초기 배열은 다음과 같다.

num = 0

초기 배열은 모두 비어 있으며, 배열을 길이를 나타내는 변수 num 은 0 으로 초기화된다. 첫 번째 데이터 389 가 입력되면, 현재 저장된 데이터가 없기 때문에 첫 번째 원소로 저장된다.

389							

num = 1

다음 데이터 207 이 들어오면, 저장된 배열의 원소 중에서 이 데이터보다 작거나 같은 값이 있으면 갱신하고, 그렇지 않은 경우 가장 마지막에 저장해준다.

389	**207**					

num = 2

세 번째 데이터도 역시 가장 마지막에 저장된다.

389	207	**155**				

num = 3

네 번째 데이터 300 이 입력되면, 현재 원소에서 작거나 같은 위치가 두 번째 원소이다. 따라서, 두 번째 원소를 갱신하고, 개수는 증가되지 않는다.

389	**300**	155				

num = 3

다섯 번째 데이터 299 가 입력되면, 세 번째 원소가 갱신된다.

389	300	**299**				

num = 3

다음 데이터 170 이 입력되면, 배열의 원소 중에 작거나 같은 원소가 없으므로 마지막에 저장해준다.

389	300	299	**170**			

num = 4

다음 데이터 158 과 65 는 차례대로 마지막에 하나씩 추가된다.

389	300	299	170	**158**	**65**	

num = 6

마지막 데이터까지 처리한 경우, 저장된 배열의 길이가 솔루션이 된다. 이 알고리즘을 구현하는 최적의 방법은 데이터보다 작거나 같은 값을 찾을 때 이진 검색(binary search)와 같은 방법으로 시간을 최소로 줄이는 것이다. 그러나, UVA 채점 결과 이진 검색을 쓰지 않더라도 유유히 시간내에 통과되었다.

UVA 가 아닌 KOI 에서는 어떨까? UVA 는 제출하여 "Wrong Answer" 이 나거나 "Time Limited" 가 나면 다시 코드를 수정하여 제출할 수 있다. **BUT, KOI 는 단 한번의 제출만 허용되므로 최선의 코드를 작성하여 제출하는 것이 중요하다!!!**

알고리즘을 구현한 코드는 다음과 같다.

```cpp
#include <iostream>

using namespace std;

int main()
{
  int icase = 0, x, i;
  int d[1000], num;

  while (cin >> x) {
    // 마지막 데이터 처리
    if (x == -1) break;
```

```
num = 0;
do {
  // LDS 로 저장할 값을 찾는다.
  for (i = 0; i < num; i++) {
    if (d[i] <= x) {
      d[i] = x;
      break;
    }
  }
  // 저장할 곳이 없는 경우 마지막에 저장
  if (i == num) d[num++] = x;

  cin >> x;
} while (x != -1);

if (icase > 0) cout << endl;
cout << "Test #" << ++icase << ":" << endl;
cout << "  maximum possible interceptions: " << num << endl;
}
return 0;
}
```

Chapter 02
D y n a m i c   P r o g r a m m i n g

UVA475 와일드카드

현대 운영 체제의 명령행 인터페이스는 강력한 기능으로 사용자가 기존 프로그래밍을 다시 코딩하지 않고도 많은 작업이 가능한 수많은 메타 문자를 포함한다. 가장 잘쓰는 메타문자 중의 하나가 와일드카드 문자이다.

와일드카드 문자들은 사용자가 명령이 실행되는 한 파일 그룹을 명시하는데 사용된다. 와일드카드 문자 자체는 와일드카드 위치에 0 개 이상의 다른 문자들로 대치된다.

사용자는 .c 로 끝나는 모든 파일을 출력하고, old_ 로 시작되는 모든 파일을 지우며, 디스크에 파일 명과 상관없이 모든 파일을 복사하고자 한다. 와일드카드 메타문자를 사용하면, 이들 모두는 각 파일을 포함하는 개별 명령을 사용하는 대신에 3 가지 명령만으로 수행될 수 있다. 이들 세 가지 명령에 사용되는 메타문자는 순서대로 다음과 같다.

*.c
old_*
*

와일드카드 문자를 포함하는 입력 패턴을 받아들여서, 패턴에 매치되는 파일명을 구하여라.

입력

입력은 여러 테스트 데이터로 구성된다. 각 테스트 데이터는 패턴 한 줄과 다음 줄부터 패턴에 비교될 파일명 목록들로 구성된다. 이 문제에서, 파일명은 1 ~ 20 개의 문자로 구성되며, 애스터리스크('*')는 포함하지 않는다. 이들 문자들에는 특별히 취급해야할 문자는 없다. 예를 들어, 마침표('.')도 다른 문자와 동일하게 취급된다.

패턴 정보는 와일드 카드 문자가 0 개 이상 포함될 수 있다. 와일드카드 문자는 애스터리스크('*')로 표현된다.

파일명의 목록은 패턴 정보 다음 줄부터 한 줄에 하나씩 입력될 것이다. 목록의 파일 개수는 알 수 없다.

입력상의 모든 줄에는 패턴 정보까지 포함해서 1 ~ 20 개의 문자들로 구성될 것이다. 입력되는 테스트 데이터의 개수는 알 수 없으면, 각 테스트 데이터는 공백 한 줄로 구분된다.

출력

출력은 패턴과 패턴에 매치되는 파일 목록을 짧은 보고서 형식으로 출력해야 한다. 패턴에 맞지 않는 파일명들은 출력되지 않아야 한다. 각 테스트 데이터의 결과는 빈 줄로 구분되어야 한다.

정확한 출력 형식은 출력 예제를 참고하여라. "MATCHES FOR PATTERN: HELLO" 는 매치되는 파일이 하나도 없기 때문에, 출력되지 못한다.

입력 예제

```
C*AT
COMFILE.DAT
COST.DATA
CAT
%XCAT
COAT
CATCH

*A*
MOUNTAIN.TXT
ALFRED
PROG1A
SECOND.ED
PROG1A.PAS

HELLO
NOTHING

B**N*
NIBBLE.BIT
BANANA
BNXJ.25
BORN
ABNORMAL.LIS
```

```
BRANDISH.SRD
BITNET
```

출력 예제

```
MATCHES FOR THE PATTERN: C*AT

COMFILE.DAT

CAT

COAT


MATCHES FOR THE PATTERN: *A*

MOUNTAIN.TXT

ALFRED

PROG1A

PROG1A.PAS


MATCHES FOR THE PATTERN: B**N*

BANANA

BNXJ.25

BORN

BRANDISH.SRD

BITNET
```

풀이

이 문제에서는 입력 데이터에 존재하는 공백들도 모두 정확히 출력되어야 한다. 테스트 데이터 사이에는 빈 줄이 하나씩 반드시 삽입되고, 패턴에 맞는 파일이 없는 경우 출력이 되지 않아야 한다.

첫 번째 입력 데이터를 예를 들어 설명해보겠다. 입력 패턴이 "C*AT" 이고, 첫 번째 비교 문자열 "COMPILE.DAT" 로 살펴보자. 우선, 다음과 같은 배열을 사용한다.

		C	O	M	P	I	L	E	.	D	A	T
	1	0	0	0	0	0	0	0	0	0	0	0
C												
*												
A												
T												

위와 같이 입력 패턴 문자열의 개수 + 1 개 만큼으로 행의 개수를 사용하고, 비교할 문자열 + 1 개 만큼을 열의 개수로 사용하는 2 차원 배열을 하나 사용한다. 위 배열을 d 배열이라고 하자.

빈 문자열 두 개를 비교하는 경우 즉, "" 과 "" 을 비교하면 같은 패턴이므로 d[0][0] 은 1 로 초기화해준다. 다음으로 패턴 문자열의 첫 번째 문자첫 번째 행인 'C' 문자와 비교해 보자.

		C	O	M	P	I	L	E	.	D	A	T
	1	0	0	0	0	0	0	0	0	0	0	0
C	0	**1**	0	0	0	0	0	0	0	0	0	0
*												
A												
T												

패턴 문자가 와일드 카드가 아닌 경우에는 패턴 문자와 동일한 문자가 있는 열에서 왼쪽 위의 대각선 방향의 값이 1 이면 자신의 값이 1 이된다. 즉 코드는 다음과 같다.

if (a[i] == b[j] && d[i-1][j-1] == 1) d[i][j] = 1;

다음 패턴 문자는 와일드 카드이다. 와일드 카드인 경우에 대해서 알아보자.

		C	O	M	P	I	L	E	.	D	A	T
	1	0	0	0	0	0	0	0	0	0	0	0
C	0	1	0	0	0	0	0	0	0	0	0	0
*	0	**1**	**1**	**1**	**1**	**1**	**1**	**1**	**1**	**1**	**1**	**1**
A												
T												

패턴 문자열의 해당 문자가 와일드 카드 문자인 경우는 비교할 문자열은 관계 없이 현재 행의 바로 위의 행에서 처음으로 1 이 나오는 열의 위치를 찾는다. 만일, 1 이 존재하는 위치 이후로 모두 1 로 세팅해준다.

다음 세번째와 네번째 문자를 비교하면 d 배열이 다음과 같이 변한다.

		C	O	M	P	I	L	E	.	D	**A**	**T**
	1	0	0	0	0	0	0	0	0	0	0	0
C	0	1	0	0	0	0	0	0	0	0	0	0
*	0	1	1	1	1	1	1	1	1	1	1	1
A	0	0	0	0	0	0	0	0	0	0	**1**	0
T	0	0	0	0	0	0	0	0	0	0	0	**1**

동적 배열 세팅이 완료되었을 때 마지막 행과 마지막 열에 값이 1 이면 패턴 문자열과 완전히 같은 것이다.

이번에는 패턴과 같지 않은 경우에 대해서 알아보자. "C*AT" 와 비교할 두 번째 문자열 "COST.DATA" 로 배열을 세팅해보자.

		C	O	S	T	.	D	A	T	A
	1	0	0	0	0	0	0	0	0	0
C	0	1	0	0	0	0	0	0	0	0
*	0	1	1	1	1	1	1	1	1	1
A	0	0	0	0	0	0	0	1	0	1
T	0	0	0	0	0	0	0	0	1	0

이전과 같은 방식대로 동적 배열을 세팅했다. 마지막 패턴 문자 'T' 에서 살펴보면, 비교 문자열에서 두 군데에 'T' 가 존재한다. 그러나, 첫 번째 'T' 문자는 왼쪽 위 대각선에 1 이 없으므로 0 으로 세팅된다.

동적 배열을 모두 세팅했을 때, 마지막 행과 마지막 열의 값이 0 이므로 이 비교 문자열은 패턴 문자와 일치하지 않는 경우가 된다. 이번에는 중간에서 비교를 중단하는 경우를 살펴보자. 네 번째 비교 문자열 "%XCAT" 로 배열을 세팅해보자.

		%	X	C	A	T
	1	0	0	0	0	0
C	0	0	0	0	0	0
*						
A						
T						

위 표와 같이 네 번째 비교 문자열은 첫 번째 패턴 문자와 동일한 문자 중에서 이전 행에서 1 인 위치가 없었으므로, 모두 0 이 된다. 이렇게 실행 도중에 모두 0 이 되면 더 이상 진행할 필요없이 패턴과 맞지 않는 문자열이 된다.

실제 구현에 있어서는 2 차원 배열 대신 1 차원 배열 2 개로 구현할 수 있다. 홀수 번째 행과 짝수 번째 행을 나누어서 구현할 수 있다. 첫 번째 비교 문자열을 기준으로 다시 살펴보자.

		C	O	M	P	I	L	E	.	D	A	T	
C	0	**1**	0	0	0	0	0	0	0	0	0	0	홀수 배열
	1	0	0	0	0	0	0	0	0	0	0	0	짝수 배열

초기 행을 세팅해 두고 첫 번째 문자를 비교하여 초기 행을 짝수 번 1 차 배열에 저장하고 첫 번째 문자인 홀수 번째에 해당하는 문자 'C' 를 홀 수 번째 문자열에 저장한다.

		C	O	M	P	I	L	E	.	D	A	T	
C	0	1	0	0	0	0	0	0	0	0	0	0	홀수 배열
*	0	1	1	1	1	1	1	1	1	1	1	1	짝수 배열

다음 두 번째 패턴 문자는 홀수 배열의 '1' 값을 이용해서 짝수 배열에 세팅한다.

		C	O	M	P	I	L	E	.	D	**A**	T	
A	0	0	0	0	0	0	0	0	0	0	**1**	0	홀수 배열
*	0	1	1	1	1	1	1	1	1	1	1	1	짝수 배열

이번에는 다시 세 번째 패턴 문자를 사용해서 짝수 배열을 이용해서 홀수 배열을 세팅한다.

		C	O	M	P	I	L	E	.	D	A	T	
A	0	0	0	0	0	0	0	0	0	0	1	0	홀수 배열
T	0	0	0	0	0	0	0	0	0	0	0	1	짝수 배열

마지막 문자도 역시 홀수 배열과 짝수 배열로 세팅해준다. 마지막 문자가 존재하는 배열의 마지막 값이 1 이면 패턴에 맞는 문자열이 된다. 구현된 코드는 다음과 같다.

```
#include <iostream>
#include <string>
#include <algorithm>

using namespace std;

int main()
{
  string s, t;
  int i, j, l;
  bool first = true, edit, print, in = false;;
  bool d[2][22];

  while (1) {
    getline(cin, t);
    if (cin.eof()) break;

    // 빈줄이 입력되면 하나의 테스트 데이터가 끝난 것으로 처리
```

```
if (t == "") {
  in = false;
  continue;
}


// 모든 테스트 데이터의 처음에 들어오는 입력 패턴 저장
if (!in) {
  s = t;
  in = true;
  print = false;
}
else {
  l = t.length();

  for (i = 0; i < 2; i++) fill(d[i], d[i]+22, false);
  d[1][0] = true;
  edit = true;

  for (i = 0; i < s.length() && edit; i++) {
    edit = false;
    fill(d[i%2], d[i%2]+22, false);

    // 와일드 카드 문자인 경우 true 이하 모든 원소를
    // true 로 바꾼다.
    if (s[i] == '*') {
      j = 0;
```

```
    while (!d[1-i%2][j] && j <= l) j++;
    if (j > l) break;

    edit = true;
    fill(d[i%2]+j, d[i%2]+22, true);
}
```

// 이전 문자가 true 이고, 현재 위치의 문자와 패턴의 해당
// 위치의 문자가 같은 경우 다음 위치에 true 가 된다.

```
else {
  for (j = 0; j < l; j++) {
    if (s[i] == t[j] && d[1-i%2][j]) {
      d[i%2][j+1] = true;
      edit = true;
    }
  }
}
}


if (i == s.length() && d[1-i%2][l]) {
```

// 패턴에 맞는 데이터가 없는 경우 출력이 되지 않아야
// 하므로 패턴에 맞는 파일이 처음 나올 때 메시지를
// 출력한다.

```
  if (!print) {
    if (!first) cout << endl;
    cout << "MATCHES FOR THE PATTERN: " << s << endl;
    first = false;
```

```
            print = true;
         }
         cout << t << endl;
       }
     }
   }
   return 0;
}
```

Chapter 03
Dynamic Programming

UVA165 수입 증지

로직 국의 정부는 세입을 얻을 수 있도록 수입 증지를 부착하는 다양한 법적 문서를 요구했다. 최근 법률 제정 기간에, 각 종류의 문서는 부착될 수 있는 수입 증지의 개수가 제한되었다. 정부는 수입 증지의 종류별 개수와 종류에 따른 가격을 알기 원했으며, 세입을 얻을 수 있는 조건으로 생성될 수 있는 수입 증지가 발생되길 원했다. 발행되는 수입 증지는 가능한 폭넓은 가격의 선택이 가능해야 한다. 수입 증지는 1 원 단위로 종류가 구성된다.

h 가 문서에 부착될 수 있는 수입 증지의 개수, k 가 가능한 수입 증지 종류의 개수, n 이 1 원부터 연속적으로 부여될 때 가장 큰 값으로 정의될 때 식 n(h, k) 는 정부 소속 수학자에 의해서 분석이 진행되었다. 예를 들어, h = 3, k = 2 이고 종류가 1 원 짜리와 4 원 짜리가 있을 때, 1 ~ 6 원, 8 원, 9 원, 12 원의 수입증지를 부착시킬 수 있다. 그러나, 종류가 1 원과 3 원 짜리의 수입 증지만 있는 경우는, 1 ~ 7 원과 9 원을 부착시킬 수 있다. 즉, n(3,2) 는 1 원 부터 연속적으로 부여할 수 있는 최대 값이기 때문에 7 이 된다.

불행히, n(h, k) 를 h, k 와 수입 증지의 가격과 관련시키는 식을 잃어버렸다. 정부 보고서 중 어딘가에 인쇄되어 있지만, 아무도 어디에 있었는지를 기억하지 못했다. 세 명의 연구원이 식을 찾기 시작했지만, 두 명은 지루해서 죽어버렸고, 한 명은 더 좋은 근로 조건이 제공되는 등대 지기로 직업을 바꿔 버렸다.

이제 당신은 이러한 작업을 마무리해야 한다. h 와 k 를 입력 받아서, 수입 증지의 최소 집합과 n(h,k) 의 값을 구해내야 한다.

입력

입력은 여러 테스트 데이터로 구성된다. 각 테스트 데이터는 h 와 k 가 한 줄로 입력된다. 입력은 두 개의 0 으로 종료된다. h 와 k 의 합은 9 이하로 제한된다. 로직 국의 국왕이 총격 사건에서 손가락을 하나 잃어버려, 9 개 까지만 세기 때문이다.

출력

출력은 각 테스트 데이터에 대해서 결과를 한 줄씩 출력한다. 결과는 k 개의 수입 증지의 가격을 문자폭 3 으로 오른쪽 정렬로 출력시킨다. 그 다음, "->" 를 출력하고 n(h,k) 의 값을 문자폭 3 으로 오른쪽 정렬로 출력시킨다. 한 줄의 수입 증지의 가격은 오름 차순으로 출력되어야 한다.

입력 예제

```
3 2
0 0
```

출력 예제

```
1  3 ->  7
```

풀이

이 문제에서는 최대로 사용할 수 있는 증지의 개수와 종류의 개수가 더해서 최대 9 개 이하로 제한되어 있다. 그러나, 증지들은 원하는 개수 만큼 무한개로 사용할 수 있다.

증지를 구성하는 금액과 연속으로 구성할 수 있는 최대 금액은 무한대로 잡을 수 없으므로 적당히 제한을 두어야 한다. 둘다 10000 으로 구성하면 시간이 오래 걸린다. 증지 개수와 증지 종류의 개수가 될 수 있는 모든 경우를 구해본 결과 사용하는 동전의 최대 금액은 32 원이고, 연속되는 최대 구간은 71 이었다.

일단, 문제의 예제처럼 증지의 종류가 2 가지이고, 구성되는 금액이 1 원과 4 원이고, 사용될 수 있는 증지의 개수가 3 개일 때 개수를 구하는 방법에 대해서 알아보자. CC(Coin Change) 를 활용하는 것이다.

0	1	2	3	4	5	6	7	8	9	10	11	12	13	14	15	16	17	18	19	20
0	x	x	x	x	x	x	x	x	x	x	x	x	x	x	x	x	x	x	x	x

우선 0 원은 구성할 수 있는 경우로 처리하기 위해 0 으로 저장한다. 나머지는 모두 -1 로 초기화해준다. 위의 배열에서는 -1 대신 'x' 로 표시하였다.

이제 -1('x') 가 아닌 값을 앞에서 차례대로 검색하면서, 1 원과 4 원을 더한 위치에 값을 수정해줍니다.

0	1	2	3	4	5	6	7	8	9	10	11	12	13	14	15	16	17	18	19	20
0	**1**	x	x	**1**	x	x	x	x	x	x	x	x	x	x	x	x	x	x	x	x

0 원에서 1 원과 4 원을 더한 위치에 증지를 사용하므로 개수를 1 씩 증가시켜서 저장한다. 위와 같이 저장할 위치의 값이 −1 이면 무조건 저장해준다.

0	1	2	3	4	5	6	7	8	9	10	11	12	13	14	15	16	17	18	19	20
0	1	2	x	1	2	x	x	x	x	x	x	x	x	x	x	x	x	x	x	x

그다음으로 다시 −1 이 아닌 곳은 1 원이다. 여기서, 1 원과 4 원을 더한 곳에 개수를 1 씩 증가시켜 저장하면 위와 같은 배열이 된다.

0	1	2	3	4	5	6	7	8	9	10	11	12	13	14	15	16	17	18	19	20
0	1	2	3	1	2	3	x	x	x	x	x	x	x	x	x	x	x	x	x	x

다시 2 원에서 갱신하면 위와 같아진다.

0	1	2	3	4	5	6	7	8	9	10	11	12	13	14	15	16	17	18	19	20
0	1	2	3	1	2	3	x	x	x	x	x	x	x	x	x	x	x	x	x	x

3 원에서 갱신하면, 1 원을 더한 4 원과 4 원을 더한 7 원의 값이 갱신되어야 한다. 그러나, 개수가 4 개가 되어 개수 제한인 3 개에 걸려서 갱신되지 못한다.

0	1	2	3	4	5	6	7	8	9	10	11	12	13	14	15	16	17	18	19	20
0	1	2	3	1	2	3	x	2	x	x	x	x	x	x	x	x	x	x	x	x

4 원에서 갱신하면, 5 원에 8 원에 값이 저장된다. 이때, 5 원에는 이전에 저장한 값보다 더 적은 개수가 아니므로 실제로는 갱신되지 못하고 이전의 값이 그대로 남아

있게된다. 따라서, 저장할 곳의 값이 현재 계산된 개수보다 더 많거나, −1 인 경우만 갱신하게 된다.

0	1	2	3	4	5	6	7	8	9	10	11	12	13	14	15	16	17	18	19	20
0	1	2	3	1	2	3	x	2	3	x	x	3	x	x	x	x	x	x	x	x

위 배열은 모든 실행을 마친 최종 배열이다. 이렇게 구해진 상태에선 연속으로 최대한 사용할 수 있는 금액은 6 원이 된다.

문제는 해당하는 개수의 증지 종류를 구성하는 방법인데, 해당 하는 종류의 증지는 DFS 로 구해야 한다. 예를 들어, 종류가 2 개 일 때는 다음과 같이 모든 종류에 대해서 다해보아야 한다.

(1 원, 2 원) (1 원, 3 원) (1 원, 4 원) (1 원, 5 원) ... (1 원, 32 원)

이전에 구한 대로 사용하는 증지의 최대 금액은 32 원으로 처리할 수 있다. DFS 로 증지의 종류를 구성하면서 연속된 최대 금액은 CC 를 활용하여 풀도록 한다. 코드는 다음과 같다.

```cpp
#include <iostream>
#include <iomanip>
#include <algorithm>

#define MAXMONEY 32
#define MAX 80
```

```
using namespace std;

int table[9][9][8];
int mx[8][8];

// 수입 증지의 개수 n, 종류의 개수 m
// now : 현재 넣어야 할 순서의 증지 위치
// num 배열 : 증지의 가격을 순서대로 들어있는 배열
void dfs(int now, int num[8], int n, int m)
{
    int i,j;
    // 들어 있는 증지 체크 배열
    int d[MAX];

    // 동적 배열 초기화
    for (i = 0; i < MAX; i++) d[i] = -1;
    // 0 원을 구성할 수 있으므로 초기 값 0 으로 세팅
    d[0] = 0;

    // CC
    for (i = 0; i < now; i++) {
        // 100 까지 들어 있는 값 비교
        for (j = 0; j < MAX; j++) {
            if (d[j] != -1 && j+num[i] < MAX
                && (d[j+num[i]] > d[j]+1 || d[j+num[i]] == -1)
```

```
      // 현재 사용된 개수가 이전에 저장한 개수보다 작거나
      // 이전에 안 채워진 경우
      && d[j]+1 <= m)
      // 개수가 원하는 개수 이하인 경우
      d[j+num[i]] = d[j]+1; // 개수 갱신
   }
}


// 연속된 개수 찾기
for (i = 0; i < MAX; i++) {
  // 중간에 빈 것이 있는 경우
  if (d[i] == -1) {
    // 연속된 결과가 이전에 결과보다 더 적은 경우 리턴한다.
    if (i-1 < num[now-1]) return;

    // 멈추고 빠져 나간다.
    break;
  }
}
// i-1 : 연속된 개수

// 마지막 수입 증지 개수와 같은 경우, 즉, 증지 n 개를 채운경우
if (now == n) {
  // 마지막에 빈 곳의 결과가 이전 것보다 좋으면 저장하고
  // 갱신해준다.
  if (i-1 > mx[m][n]) {
```

```
        mx[m][now] = i-1;
        // 연속된 최대 개수가 되는 증지의 구성을 출력한다.
        copy(num, num+8, table[m][now]);
    }


    return;
}

// 이전 까지의 금액 + 1 원부터 최대 금액까지 넣으면서
// 최대 가지수 구하기
for (i = num[now-1]+1; i <= MAXMONEY; i++) {
    // now 번째 금액을 i 원으로 저장하고 dfs 로 방문
    num[now] = i;
    dfs(now+1, num, n, m);
    num[now] = 0;
}
}

int main()
{
    int tmp[8];
    int i, j;
    int h, k;

    fill(tmp, tmp+8, 0);
    tmp[0] = 1;
```

```
// 미리 모든 경우의 결과를 구해둔다.
// 수입 증지의 개수 h
for (i = 1; i <= 8; i++) {
  // 증지 종류의 개수 k
  for (j = 1; j <= 9-i; j++) dfs(1, tmp, i, j);
}

while (cin >> h >> k) {
  if (h == 0 && k == 0) break;

  // n(h, k) 를 구성하는 증지의 가격 구성
  for (i = 0; i < k; i++) cout << setw(3) << table[h][k][i];

  // 연속된 최대 개수 출력
  cout << " ->" << setw(3) << mx[h][k] << endl;
}

return 0;
}
```

Chapter 04
Dynamic Programming

UVA104 외환 거래

 금융 산업은 컴퓨터의 보급으로 인해, 최근 많은 월 스트리트 회사들의 아주 미세한 시세 차익을 얻어 내도록 설계된 불법적인 거래 프로그램 사용이 논란의 대상이 되고 있다. 컴퓨터 프로그래밍의 도덕성이 논란 거리가 되고 있는 것이다.

 외환 거래는 이익을 얻기 위해 여러 통화 수단 사이에 환전 비율의 시세 차익을 이용하여 하나의 통화 수단을 다른 통화 수단으로 바꾸는 것이다. 예를 들어, 미국 돈 1 달러로 영국 돈 0.7 파운드를 사고, 영국 돈 1 파운드는 프랑스 돈 9.5 프랑을 사며, 프랑스 돈 1 프랑은 미국 돈 0.16 달러를 산다면, 외환 딜러는 1 달러로 시작해서 $1 \times 0.7 \times 9.5 \times 0.16 = 1.064$ 달러를 벌 수 있다. 따라서, 6.4 퍼센트의 시세 차익을 얻을 수 있다.

 방금 설명한 이익을 얻기 위한 통화 수단의 환전 순서를 결정하는 프로그램을 작성해야 한다.

 성공적인 외환 거래가 되기 위해서는, 환전 순서의 시작과 끝은 동일한 통화 수단으로 구성해야 한다. 단, 환전을 시작할 초기 통화 수단은 어떤 것을 골라도 상관없다.

 입력

 입력은 여러 개의 환전 테이블로 구성된다. 각 테이블마다 성공적인 외환 거래 결과를 출력해야 한다.

각 테이블은 2 차원 구조 n * n 의 크기를 나타내는 n 이 먼저 입력된다. 테이블의 크기는 2 ~ 20 의 범위를 갖는다.

테이블은 첫 번째 행의 첫 번째 열에서 출발하는 1.0 의 값을 갖는 대각선 원소들은 생략한 채로 입력된다. 첫 번째 행에는 1 번 국가와 n-1 개의 다른 국가들 간의 환전 비율을 표현한 데이터가 들어 있다. 이 환전 비율은 $2 <= i <= n$ 범위에 속하는 i 번째 국가가 1 번 국가의 통화를 기준으로 해서 지불하는 금액의 비율을 나타낸다.

각 테이블은 n+1 개 줄로 구성된다. 첫 번째 줄에는 n 이 입력되고, n 개 줄에 걸쳐서 환전 테이블이 입력된다.

출력

입력의 각 테이블에 대해서 1% (0.01) 보다 높은 이익을 내는 환전 순서가 존재하는지를 검사해야 한다. 그러한 환전 순서가 존재하는 경우, 이익을 내는 순서 그대로 출력한다. 1% 보다 높은 이익을 내는 순서가 두 가지 이상이면, 가장 짧은 길이의 순서를 출력해야 한다. 즉, 가장 작은 국가 수로 이익을 내는 경우가 해당된다.

n * n 행렬의 테이블에서 n 개나 n 보다 적은 수로 구성되는 이익을 내는 순서를 사용한다. 1 2 1 의 순서는 두 번의 교환을 나타낸다.

이익을 내는 순서가 존재하면, 그 순서 그대로 출력해야 한다. 순서는 환전 테이블의 i 번째 줄을 나타내는 번호 i 부터 출력한다. 번호 i 는 이익을 내는 순서의 첫 번째 국가 번호가 이기도 하다. 순서의 가장 마지막 정수도 역시, 첫 번째 국가로 끝나야 한다.

n 개의 순서나 n 개 이하의 국가 개수로 이익이 발생되지 않는다면, 다음의 메시지를 출력한다.

no arbitrage sequence exists

입력 예제

```
3
1.2 .89
.88 5.1
1.1 0.15
4
3.1     0.0023     0.35
0.21    0.00353    8.13
200     180.559    10.339
2.11    0.089      0.06111
2
2.0
0.45
```

출력 예제

```
1 2 1
1 2 4 1
no arbitrage sequence exists
```

풀이

이 문제는 거치는 국가의 개수를 기준으로 점화식을 구성한다. 먼저 동적 계획법에 사용될 배열의 의미는 다음과 같다.

d[i][j][k] : j 국가에서 시작해서 k 국가에서 끝나는 순서에서 중간에 포함되는 국가의 개수가 i 개 일 때 최대값을 저장한다.

d[i][j][k] = max(d[i-1][j][l]*e[l][k]) 0 <= l < n
p[i][j][k] : 위 식을 최대로 만드는 l 번째 국가를 저장한다.

즉, j 에서 중간 지점 l 까지 i-1 개의 국가를 거치고온 최대의 값과 l 국가에서 k 국가로 통화를 변환했을 때 값들 중에서 최대가 되는 값을 구하는 것이다. l 은 모든 국가를 방문하면서 최대가 되는 값을 찾아야 한다.

Flyod 처럼 i 에서 출발에서 j 로 오는데 k 를 중간에 거쳐서 오는 값을 저장하는 방식과 비슷하다. 단, 방문하는 국가 개수가 필요하므로 3 차원 배열을 사용하게된 것이다.

```cpp
#include <iostream>
#include <algorithm>

using namespace std;

int main()
{
  int n, i, j, k, l, p[20][20][20];
  double d[20][20][20], e[20][20];
```

```
while (cin >> n) {
  for (i = 0; i < n; ++i) {
    for (j = 0; j < n; ++j) {
      // 자신은 1.0 으로 세팅
      if (i == j) e[j][i] = 1;
      else cin >> e[j][i];
    }
  }
  for (i = 0; i < n; ++i) copy(e[i], e[i]+n, d[0][i]);


  // 중간에 거치는 개수 i
  for (i = 1; i < n; ++i) {
    for (j = 0; j < n; ++j) {
      for (k = 0; k < n; ++k) {
        // j 에서 시작해서 중간에 0 ~ i-1 개 국가를 거치고 k 로
        // 오는 결과를 구한다.
        // 그 결과중 가장 큰 값을 구한다.
        d[i][j][k] = d[i-1][j][0] * e[0][k];
        // p 배열에는 중간에 거치게 된 국가를 저장한다.
        p[i][j][k] = 0;
        for (l = 1; l < n; ++l) {
          if (d[i][j][k] < d[i-1][j][l]*e[l][k]) {
            d[i][j][k] = d[i-1][j][l] * e[l][k];
            p[i][j][k] = l;
          }
```

```
          }
          // 시작점과 끝점이 같은 j == k 이고, 1.01 보다 큰 경우
          // 멈춘다.
          if (j == k && d[i][j][k] > 1.01) break;
        }
        if (k < n) break;
      }
      if (j < n) break;
    }

    // 거친 중간 개수가 n-1 개 이하이면 결과 출력
    if (i < n) {
      // 역추적
      cout << j+1 << ' ';
      while (i > 0) {
        cout << p[i][j][k]+1 << ' ';
        k = p[i][j][k];
        --i;
      }
      cout << j+1 << endl;
    }
    else cout << "no arbitrage sequence exists" << endl;
  }

  return 0;
}
```

Chapter 05
Dynamic Programming

UVA825 안전한 쪽으로 도보

사각 도시는 사람들이 도보하기에 매우 쉽게 구성되어 있다. 두 방향의 도로가 도시를 규칙적인 블럭으로 나누면서 남북과 동서로 놓여 있다. 대부분의 교차로는 보행자에게 안전하다. 그러나, 일부는 건너는 것이 위험하므로, 가능한 지하도를 사용하도록 하고 있다. 그러한 교차로는 산책하는 사람들이 피하고 있다. 도시 공원의 입구는 마을의 북서쪽 모서리에 있고, 지하철역은 남동쪽 모서리에 있다.

공원에서 지하철 역으로 가길 원하며, 요구된 블럭 수 이상을 걷지 않아야 한다. 지하도를 건너는 시간 지연을 피하기를 원한다. 이러한 조건을 만족하면서 공원에서 역까지 가는 서로 다른 경로의 가지 수를 구하여라.

다음 그림은 4 개의 동서로와 5 개의 남북로로 구성된 한 도시를 나타내고 있다. 3 개의 교차점은 위험한 것으로 표시되어 있다. 공원에서 역까지 가는데 3 + 4 = 7 개의 블럭 길이를 갖고 지하도를 피하는 경로는 4 가지가 있다.

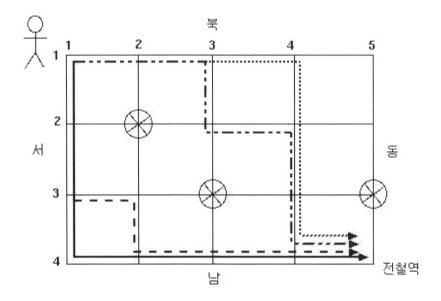

입력

입력은 테스트 데이터의 개수가 먼저 하나 입력된다. 이 줄 다음에는 빈 줄이 하나씩 입력되면 연속된 테스트 데이터 사이에도 빈 줄이 하나씩 입력된다.

테스트 데이터의 첫 번째 줄에는 동서로의 개수를 나타내는 W 와 남북로의 개수를 나타내는 N 이 입력된다. W 개의 줄에 걸쳐서 각 줄에는 동서로의 번호와 남북로와의 교차로에서 위험한 교차로가 0 개 이상 입력된다. 도로는 1 번부터 번호가 붙는다.

출력

각 테스트 데이터에 대해서, 지하도를 피해서 공원에서 역으로 오는 서로 다른 경로의 개수를 출력하여라. 연속된 테스트 데이터의 결과 사이에는 빈 줄이 출력되어야 한다.

입력 예제

```
1

4 5
1
2 2
3 3 5
4
```

출력 예제

```
4
```

풀이

교차로만 따로 처리를 해준다면 기본적으로 왼쪽과 위쪽의 값을 더해주는 것이다. 우선 교차점이 없다고 가정해보자.

1	0	0	0	0
0	0	0	0	0
0	0	0	0	0
0	0	0	0	0

입력 예제를 사용하면 동서로 개수는 4 이고 남북로 개수는 5 개이다. 따라서, 위와 같이 배열을 모두 0 으로 초기화하고, 처음 출발점만 1 로 세팅해준다. 다음으로 첫 번째 행에 대해서 왼쪽의 값을 오른쪽에 더하면서 하나씩 이동해간다.

1	1	1	1	1
0	0	0	0	0
0	0	0	0	0
0	0	0	0	0

두 번째 행에서는 첫 번째 열은 위의 값만 더해준다.

1	1	1	1	1
1	0	0	0	0
0	0	0	0	0
0	0	0	0	0

두 번째 행의 다음 열은 왼쪽의 값과 위쪽의 값을 더하며 세팅한다.

1	1	1	1	1
1	2	3	4	5
0	0	0	0	0
0	0	0	0	0

나머지 행들도 동일한 방식으로 수행하면 다음과 같이 세팅된다.

1	1	1	1	1
1	2	3	4	5
1	3	6	10	15
1	4	10	20	35

즉, 위험한 교차점이 없는 경우는 총 35 가지가 얻어진다. 이번에는 위험한 교차점을 세팅해서 만들어보자.

1	0	0	0	0
0	0	0	0	0
0	0	0	0	0
0	0	0	0	0

0	0	0	0	0
0	1	0	0	0
0	0	1	0	1
0	0	0	0	0

위 배열 2 개는 실제 가지수를 구할 첫 번째 배열과 위험한 교차점인지를 판별할 두 번째 배열로 표시한 것이다.

1	1	1	1	1
0	0	0	0	0
0	0	0	0	0
0	0	0	0	0

첫 번째 행은 위험한 교차점이 없으므로 이전과 같이 그대로 세팅된다. 두 번째 행은 위험한 교차점이 존재한다. 우선 두 번째 행의 첫 번째 열은 위험한 교차점이 아니므로 우선 세팅해준다.

1	1	1	1	1
1	0	1	2	3
0	0	0	0	0
0	0	0	0	0

두 번째 행에서 두 번째 열은 현재 위험한 교차점이다. 위험한 교차점에서는 왼쪽이나 위의 값을 더하지 않고 넘어가도록 한다. 안전한 교차점만 왼쪽과 위의 값을 더해준다. 나머지 행에 대해서도 같은 규칙을 적용하면 다음과 같이 바뀐다.

1	1	1	1	1
1	0	1	2	3
1	1	0	2	0
1	2	2	4	4

코드는 다음과 같다.

```
#include <iostream>
#include <algorithm>
#include <string>
#include <sstream>

using namespace std;

int main()
```

```
{
  int d[100][100], n, i, j, w, h;
  bool p[100][100];
  string s;

  cin >> n;
  getline(cin, s);

  while (n--) {
    // 입력 처리
    getline(cin, s);
    cin >> w >> h;
    getline(cin, s);
    for (i = 0; i < w; i++) {
      fill(d[i], d[i]+h, 0);
      fill(p[i], p[i]+h, false);

      getline(cin, s);
      istringstream in(s);

      // 교차로 점을 true 로 세팅한다.
      in >> j;
      while (in >> j) p[i][j-1] = true;
    }

    if (!p[0][0]) d[0][0] = 1;
```

```
// 첫 번째 행은 먼저 처리해준다.
for (j = 1; j < h; j++) {
  // 위험한 교차점이 아니면 왼쪽의 값을 더해준다.
  if (!p[0][j]) d[0][j] += d[0][j-1];
}
for (i = 1; i < w; i++) {
  // 제일 왼쪽의 값은 위험한 교차점이 아니면 위쪽에 있는
  // 값을 더해준다.
  if (!p[i][0]) d[i][0] += d[i-1][0];

  // 나머지 점들은 안전한 교차점이 아니면 위쪽과 왼쪽
  // 값을 더해준다.
  for (j = 1; j < h; j++) {
    if (!p[i][j]) d[i][j] += d[i-1][j]+d[i][j-1];
  }
}

// 마지막에 저장된 결과를 출력한다.
cout << d[w-1][h-1] << endl;
if (n) cout << endl;
}

return 0;
}
```

Chapter 06
Dynamic Programming

UVA348 최적의 배열 곱셈 순서

두 배열 A, B 가 주어졌을 때, 다음의 행렬 곱셈 정의를 사용하여 배열 C = A B 로 구할 수 있다.

$$C_{i,j} = \sum_k A_{i,k} \times B_{k,j}$$

배열 A 의 행 개수는 배열 B 의 열의 개수와 같아야 한다. 수학 용어로서, 열(A) 와 행(A) 를 배열 A 의 열과 형의 개수로 정의한다. 배열 C 를 얻기 위한 개별 곱셈의 회수는 A 의 열의 개수와 B 의 행의 개수와 같은 열(A) 행(B) 행(A) 가 된다. 예를 들어, A 가 10 * 20 크기의 배열이고, B 가 20 * 15 크기의 배열이면, 10 * 15 * 20 으로 C 를 얻기 위해서는 3000 번의 곱셈이 필요하다.

두 배열 이상 에다가 곱셈을 수행할 때는 곱셈을 계산할 순서를 선택해야 한다. 예를 들어, X, Y, Z 배열을 곱셈하는 방법은 (X Y) Z 와 X (Y Z) 가 있다. X 는 5 * 10 크기 배열이고, Y 가 10 * 20 크기 배열이며, Z 는 20 * 35 크기 배열이라고 가정해보자. 곱셈을 하는 두 가지 다른 방법에 대해서 곱셈 회수를 비교해 보자.

(X Y) Z

5 * 20 크기의 (X Y) 배열은 5 * 20 * 10 = 1000 곱셈이 이루어 진다.

마지막으로 Z 와 연산하면 5 * 35 * 20 = 3500 곱셈이 이루어 진다.
전체 곱셈 회수: 4500.

 X (Y Z)

10 x 35 크기의 (Y Z) 배열은 10 x 35 x 20 = 7000 곱셈이 이루어 진다.
마지막으로 X 와 다시 연산하면 5 x 35 x 10 = 1750 곱셈이 이루어 진다.
전체 곱셈 회수: 8750.

 (X Y) Z 순서로 곱셈하는 것이 더 적은 계산이 이루어진다.

이 문제는 곱해질 배열에 대한 배열 크기들이 주어지면, 최적의 계산 순서를 결정해야
한다. 이 문제에서 최적은 요구된 개별 곱셈의 회수와 관련이 있다.

입력

 입력은 여러개의 배열 데이터들이 입력된다. 곱해질 배열은 단지 크기만 주어진다.
데이터는 곱해질 배열 개수 N 이 먼저 입력된다. 다음 줄부터 배열의 열과 형의 크기를
한 쌍으로 해서, N 개의 쌍이 N 개 줄에 걸쳐서 입력된다. 입력되는 순서 그대로 배열
곱셈에서도 순서를 유지시켜야 한다.

 입력 종료는 N 의 값으로 0 이 입력된다. N 은 10 이하의 값만 입력된다.

출력

 배열은 순서에 따라 A_1, A_2, ..., A_N 이름을 사용한다. 각 배열 데이터에 대해서
곱해질 순서를 표시하기 위해 괄호를 붙여주도록 한다. 곱셈 순서를 출력하기 전에, 몇
번째 배열 데이터인지를 "Case #: " 형식으로 출력하도록 한다. '#' 에는 숫자가

들어가며 첫 번째 배열 데이터는 1 이 되며, 다음 배열 데이터들은 순차적으로 번호를 붙이도록 한다.

곱셈 순서를 출력하는 형식은 출력 예제를 참고하도록 해라. 동일한 결과를 내는 순서가 여러 개라면 아무 것이나 출력해도 정답으로 인정된다.

입력 예제

```
3
1 5
5 20
20 1
3
5 10
10 20
20 35
6
30 35
35 15
15 5
5 10
10 20
20 25
0
```

출력 예제

Case 1: (A1 x (A2 x A3))

Case 2: ((A1 x A2) x A3)

Case 3: ((A1 x (A2 x A3)) x ((A4 x A5) x A6))

메모장

풀이

이 문제는 행렬의 연산 회수를 최소화하는 계차식을 구해내야 한다. 세 번째 테스트 데이터를 활용해서 먼저 살펴보자. 각 행렬은 행과 열의 개수로 구성된다. 연속된 행렬은 앞의 열의 개수와 뒤의 행의 개수가 일치한 값으로 입력된다. 첫 번째 입력 데이터는 다음과 같다.

```
6
30 35
35 15
15 5
5 10
10 20
20 25
```

이때, 행렬의 행과 열의 개수를 연속하는 배열에 저장하면 다음과 같다.

3 0	35	15	5	10	2 0	25

이 배열을 d 배열이라고 하자. 행렬은 다음과 같이 구성된다.

$A_0 = (30 \times 35) = d[0] \times d[1]$

$A_1 = (35 \times 15) = d[1] \times d[2]$

$A_2 = (15 \times 5) \;\; = d[2] \times d[3]$

$A_3 = (5 \times 10) \;\; = d[3] \times d[4]$

$A_4 = (10 \times 20) = d[4] \times d[5]$

$A_5 = (20 \times 25) = d[5] \times d[6]$

우선, 2 개의 행렬이 연속으로 구성될 때의 곱셈회수를 구하는 방법을 알아보자. $m[i][j]$ 를 i 번째 행렬에서 j 번째 행렬까지의 곱셈회수를 저장하는 배열이라고 정의해보자. $m[0][0]$ 은 A_0 의 첫 번째 행렬의 곱셈회수를 저장한다. A_0 는 행렬 하나만 있으므로 행렬의 곱셈이 일어나지 않으므로 회수는 0 이 된다. 따라서, i 번째 행렬의 초기 행렬 의 곱셈 회수를 나타내는 $m[i][i] = 0$ 으로 초기화된다.

이제, 연속된 2 개의 행렬의 곱셈 회수를 구해보자. 예를 들어, A_0A_1 은 $30 \times 35 \times 15$ = $d[0] \times d[1] \times d[2]$ 로서 구해진다. 따라서, $m[0][1] = d[0] \times d[1] \times d[2]$ 이 된다. 식으로 정의하자면 다음과 같다.

$m[i][j] = d[i] \times d[i+1] \times d[j+1]$

$A_0A_1A_2$ 의 행렬 곱셈은 다음과 같은 2 가지 방식으로 연산이 가능하다.

$((A_0)(A_1A_2)) = m[0][0]+m[1][2]+d[0] \times d[1] \times d[3]$

$((A_0A_1)(A_2)) = m[0][1]+m[2][2]+d[0] \times d[2] \times d[3]$

위의 값 중에서 더 작은 결과가 $m[0][2]$ 에 저장된다. 좀더 확장된 경우인 다음 행렬의 곱셈도 알아보자.

$A_0A_1A_2A_3A_4A_5$

위와 같은 행렬의 곱셈이 있는 경우 다음과 같은 가장 마지막에는 다음과 같은 순서로 연산된다.

$((A_0)(A_1A_2A_3A_4A_5)) = m[0][0] + m[1][5] + d[0] \times d[1] \times d[6]$

$((A_0A_1)(A_2A_3A_4A_5)) = m[0][1] + m[2][5] + d[0] \times d[2] \times d[6]$

$((A_0A_1A_2)(A_3A_4A_5)) = m[0][2] + m[3][5] + d[0] \times d[3] \times d[6]$

$$((A_0A_1A_2A_3)(A_4A_5)) = m[0][3] + m[4][5] + d[0] \times d[4] \times d[6]$$

$$((A_0A_1A_2A_3A_4)(A_5)) = m[0][4] + m[5][5] + d[0] \times d[5] \times d[6]$$

즉, i 에서 k 까지의 행렬 곱셈 결과 m[i][k]를 알고 있고, 그다음 행렬 부터 끝까지인 k+1 에서 j 까지의 행렬의 곱셈 m[k+1][j] 를 알고 있다면, m[i][j] 를 구할 수 있다. 위의 결과 중에서 가장 작은 값을 저장해야 한다. 따라서, 다음과 같은 계차식으로 표현할 수 있다.

$$m[i][j] = min(m[i][k]+m[k+1][j]+d[i]*d[k+1]*d[j+1])$$
$$i \leq k \leq j$$
$$p[i][j] = 최소값이 될 때의 k$$

여기서, p[i][j] 는 i 번째 행렬에서 j 번째 행렬까지 최소 행렬 곱셈의 회수를 구할 때 마지막에 잘려진 위치를 저장하게 된다. 이러한 규칙을 활용해서 동적 계획표를 세팅해보자.

0	−1	−1	−1	−1	−1
−1	0	−1	−1	−1	−1
−1	−1	0	−1	−1	−1
−1	−1	−1	0	−1	−1
−1	−1	−1	−1	0	−1
−1	−1	−1	−1	−1	0

m 배열은 초기에 m[i][i] 자리만 0 으로 초기화하고, 나머지는 −1 값으로 초기화해준다.

0	0	0	0	0	0
0	0	0	0	0	0
0	0	0	0	0	0
0	0	0	0	0	0
0	0	0	0	0	0
0	0	0	0	0	0

p 배열은 모두 0 으로 초기화해준다. 먼저 2 개씩 연속으로 곱하는 행렬들을 구해준다.

처음 초기화된 값들은 A_0, A_1, A_2, A_3, A_4, A_5 와 같이 행렬을 각기 하나만 나열 했을 때의 곱셈회수이다. 이제, 행렬을 연속으로 2 개를 놓는 경우로 확장해보자. A_0A_1, A_1A_2, A_2A_3, A_3A_4, A_4A_5 으로 2 개의 행렬을 연속으로 곱셈하는 것은 하나의 곱셈 과정만 처리한다

m[i][j] = min(m[i][k]+m[k+1][j]+d[i]*d[k+1]*d[j+1])

i ≤ k ≤ j

p[i][j] = 최소값이 될 때의 k

위의 일반식을 처리하면 연속된 2 개의 행렬을 처리하면 동적 계획표는 다음과 같이 변경된다.

0	157 50	−1	−1	−1	−1
−1	0	262 5	−1	−1	−1
−1	−1	0	750	−1	−1
−1	−1	−1	0	100 0	−1
−1	−1	−1	−1	0	500
−1	−1	−1	−1	−1	0

이때, p 배열은 다음과 같이 수정된다.

0	**0**	0	0	0	0
0	0	**1**	0	0	0
0	0	0	**2**	0	0
0	0	0	0	**3**	0
0	0	0	0	0	**4**

0	0	0	0	0	0

2 개의 연속된 행렬의 곱셈 회수는 위의 배열의 세팅에서 알 수 있듯이 대각선으로 내려가면서 수행됨을 알 수 있다. 6 개의 행렬까지 연속적으로 수행하면 동적 배열은 다음과 같아진다.

0	15750	7875	9375	11875	15125	⑤
-1	0	2625	4375	7125	10500	④
-1	-1	0	750	2500	5375	③
-1	-1	-1	0	1000	3500	②
-1	-1	-1	-1	0	500	①
-1	-1	-1	-1	-1	0	

위 표에서 가장 마지막에 구해진 15125 가 A_0 ~ A_6 의 최소 곱셈 회수가 된다. 이 배열과 함께 세팅된 p 배열을 통해서 행렬이 곱해지는 순서를 역추적해보자.

0	0	0	2	2	2
0	0	1	2	2	2
0	0	0	2	2	2
0	0	0	0	3	4
0	0	0	0	0	4
0	0	0	0	0	0

처음 순서를 추적하는 위치는 p[0][5] 가 된다. 우선, 순서를 추적하는 path 함수를 정의해보자.

```
path(i, j)
  i = j : 'A' i+1 로 행렬 번호 출력
  i ≠ j : (path(i, p[i][j]) × path(p[i][j]+1, j)) 로 재귀호출
```

순서대로 추적해보자.

path($\mathbf{0,5}$) $\rightarrow$ (path(0,p[0][5])$\times$path(p[0][5]+1,5))

$\rightarrow$ (path($\mathbf{0,2}$)$\times$path(3,5))

$\rightarrow$ ((path(0,p[0][2])$\times$path(p[0][2]+1,2)) $\times$ path(3,5))

$\rightarrow$ ((path($\mathbf{0,0}$)$\times$path($\mathbf{1,2}$))$\times$path(3,5)

$\rightarrow$ (($\mathbf{A1}$$\times$(path(1,p[1][2])$\times$path(p[1][2]+1,2))$\times$path(3,5))

$\rightarrow$ ((A1$\times$(path($\mathbf{1,1}$)$\times$path($\mathbf{2,2}$))$\times$path($\mathbf{3,5}$))

$\rightarrow$ ((A1$\times$($\mathbf{A2}\times\mathbf{A3}$))$\times$(path(3,p[3][5])$\times$path(p[3][5]+1,5)))

$\rightarrow$ ((A1$\times$(A2$\times$A3))$\times$(path($\mathbf{3,4}$)$\times$path($\mathbf{5,5}$)))

$\rightarrow$ ((A1$\times$(A2$\times$A3))$\times$(path(3,p[3][4])$\times$path(p[3][4]+1,4))

$\quad$ $\times\mathbf{A6}$))

$\rightarrow$ ((A1$\times$(A2$\times$A3))$\times$(path($\mathbf{3,3}$)$\times$path($\mathbf{4,4}$))$\times$A6))

$\rightarrow$ ((A1$\times$(A2$\times$A3))$\times$($\mathbf{A3}\times\mathbf{A4}$)$\times$A6))

최소 행렬 곱셈을 구현한 코드는 다음과 같다.

```
#include <iostream>

using namespace std;

int p[11][11];

void path(int s, int e)
{
  if (s == e) cout << 'A' << s+1;
  else {
```

```
    cout << '(';
    path(s, p[s][e]);
    cout << " x ";
    path(p[s][e]+1, e);
    cout << ')';
  }
}


int main()
{
  long i, j, k, num, cnt = 0, d[11], m[11][11];

  while (cin >> num)  {
    if (!num) break;

    for (i = 0; i < num; i++) cin >> d[i] >> d[i+1];

    for (i = 0; i <= num; i++) {
      fill(m[i], m[i]+num+1, -1);
      m[i][i] = 0;
    }

    for (k = 1; k < num; k++) {
      for (i = 0; i < num-k; i++) {
        for (j = 0; j < k; j++) {
          // k 를 기준으로 앞의 결과와 뒤의 결과를 더한 회수가
```

```
        // 더 적으면 바꾼다.
        if (m[i][i+k] == -1 ||
          m[i][i+k] >
          m[i][i+j]+m[i+j+1][i+k]+d[i]*d[i+j+1]*d[i+k+1]) {
            m[i][i+k] =
            m[i][i+j]+m[i+j+1][i+k]+d[i]*d[i+j+1]*d[i+k+1];
            p[i][i+k] = i+j;
        }
      }
    }
  }
  cout << "Case " << ++cnt << ": ";
  path(0, num-1);
  cout << endl;
 }


 return 0;
}
```

Chapter 07
D y n a m i c   P r o g r a m m i n g

UVA222 저예산 여행

미국 여행사는 가끔 한 도시에서 다른 도시로 가는 가장 싼 가격의 자동차 여행 견적이 필요했다. 여행사는 유명한 코스에 배치된 수많은 주유소 목록을 갖고 있다. 그 목록에는 위치와 1 리터당 가격이 적혀있다.

견적내는 과정을 줄이기 위해, 여행사는 자동차 운전수에게 다음의 운행 규칙 적용한다.

· 운전자는 현재 남은 기름으로 목적지나 다음 정유소에 도착하지 못하는 경우가 아니고, 기름이 반이상 남아 있다면 주유소를 지나치도록 한다.
· 항상 주유소마다 연료 탱크를 가득 채운다.
· 주유소에 멈췄을 때, 운전자는 여행 중 먹을 군것질 거리를 사는데 2 달러를 사용한다.
· 목적지나 주유소에 도달하기 위해 필요한 것 이상으로 기름이 필요하지 않는다. "비상을 위한 여유 분"은 필요 없다.
· 출발 시 가득찬 기름을 갖고 있다.
· 주유소에서 지불되는 돈은 가장 근접한 센트로 반올림한다. 100 센트가 1 달러다.

운전자가 여행을 하는데 기름과 군것질에 지불하는 최소 비용을 계산해내는 프로그램을 작성하여라.

입력

입력은 여러 테스트 데이터로 구성된다. 각 테스트 데이터는 여러 줄로 구성된다. 첫 번째 두 줄은 출발지와 도착지에 대한 정보로 구성된다. 나머지 줄은 여행 코스에 배치된 주유소 정보로 구성된다. 한 주유소 정보마다 한 줄을 차지한다. 다음은 한 테스트 데이터에 구성되는 정확한 형식을 나타낸다.

첫 번째 줄:

실수 하나 − 출발지와 도착지 간의 거리

두 번째 줄:

실수 세 개와 정수 하나

· 첫 번째 실수는 자동차 연료 탱크의 용량을 리터 단위로 나타낸 것이다.
· 두 번째 실수는 자동차가 1 리터로 이동할 수 있는 거리를 미터 단위로 나타낸 것이다.
· 세 번째 실수는 출발지에서 자동차 연료를 채우기 위해 필요한 돈을 달러 단위로 나타낸 것이다.
· 정수 값은 여행 코스에 배치된 주유소의 개수를 나타낸다. 이 값은 51 보다 작은 값으로 구성된다.

나머지 각 줄:

두 실수

· 첫 번째 실수는 출발지에서 주유소 까지의 거리로서 미터 단위를 사용한다.
· 두 번째 실수는 주유소에서의 리터당 기름 가격으로 센트 단위로 입력된다.

입력되는 모든 데이터는 양수이다. 여행 코스를 따라 배치된 주유소들은 출발지로부터의 거리가 오름차순으로 입력된다. 경로상에 주유소가 없다면 출발지에서 도착지까지의 거리보다 주유소가 더 먼 경우이다. 어떤 자동차라도 출발지에서 도착지까지 도달할 수 있도록 여행 코스에 주유소가 충분히 배치될 것이다.

데이터 종료는 단일 음수 값 한 줄로 표시된다.

출력

각 테스트 데이터에 대해서, 테스트 데이터 번호와 최소 주유와 군것질 비용을 달러 단위로 반올림한 값을 출력하여라. 전체 소요 비용은 출발지에서 연료 탱크에 채우는 연료 비용도 포함되어야 한다. 아래 입력 예제의 두 가지 테스트 데이터에 대한 정확한 출력 형식의 예는 출력 예제와 같다.

입력 예제

```
475.6
11.9 27.4 14.98 6
102.0 99.9
220.0 132.9
256.3 147.9
275.0 102.9
277.6 112.9
381.8 100.9
516.3
15.7 22.1 20.87 3
```

```
125.4 125.9
297.9 112.9
345.2 99.9
-1
```

출력 예제

```
Data Set #1
minimum cost = $27.31
Data Set #2
minimum cost = $38.09
```

풀이

이 문제는 KOI 의 1998 년도 초등부 2 번 문제인 자동차 경주 대회와 거의 흡사한 문제다. 문제에서 주어진 관점을 달리해서 i 번째 주유소가 어느 주유소부터 올 수 있는지로 생각해보자.

① 10 ② 30 ③ 30 ④ 20 ⑤

위에서 ① ~ ⑤ 를 주유소 번호이고, 그 사이의 수들을 주유소 간의 거리를 나타낸다. 만일 현재 기름 용량이 60 의 거리까지만 한 번에 갈 수 있다고 가정해보자. ⑤ 번 주유소에서는 60 이전의 거리를 갖는 주유소에서만 올 수 있으므로, ③ 번 이후의 주유소에만 도달할 수 있다. 실제 입력 예제를 통해서 올 수 있는 위치를 갱신해보자.

```
516.3
15.7 22.1 20.87 3
125.4 125.9
297.9 112.9
345.2 99.91
```

위 데이터는 두 번째 테스트 데이터이다. 마지막에 도달하는 위치도 포함하면 실제 주유소 위치는 다음과 같다.

0	125.4	297.9	345.2	516.3

현재 자동차의 용량은 15.7 리터이고, 1 리터로 갈 수 있는 거리는 22.1 이다. 따라서, 한 번에 갈 수 있는 최대 거리는 15.7 * 22.1 = 346.97 이 된다. 이 거리를 제한으로 해서 올 수 있는 위치를 계산해보자.

위치	0	1	2	3	4
주유소 위치	0	125.4	297.9	345.2	516.3
전체 거리	0	125.4	297.9	345.2	516.3 390.9 **218.4**
시작 위치	0	0	0	0	0 1 **2**

위 표에서 주유소 위치 부분은 출발점과 도착점도 포함되어 있다. 첫 번째 위치가 출발점이고, 마지막 위치가 도착점이 된다. 위에서 보면 3 번 주유소까지는 거리 제한인 346.97 을 넘지 않는다. 도착점인 주유소 위치가 4 번의 경우는 0 부터 오는 거리가 516.3 이라서 제한을 넘어간다. 따라서, 다음 주유소인 1 번에서 다시 계산하면 390.9 가 되어 역시 제한을 넘어간다. 다시 2 번에서 계산하면 218.4 가 되어 제한을 넘지 않는다. 따라서, 적어도 2 번에서 출발해야 된다.

이제 올 수 있는 위치로 부터 최소 비용을 계산해보자.

위치	0	1	2	3	4
주유소 위치	0	125.4	297.9	345.2	516.3
시작 위치	0	0	0	0	2
주유 금액	0	125.9	112.9	99.91	0
최소 비용	0	**914**	1722	1761	1722

일단 소모된 기름의 양을 우선 계산해야 한다. 소모된 기름의 양은 이동한 거리를 이 자동차자 1 리당 가는 거리로 나누어주면 구할 수 있다. 즉, 다음과 같다.

(1 번 위치 − 0 번 위치)/1 리터당 가는 거리

그 다음 주유소에서 기름을 넣는 비용은 소모된 기름의 양에다가, 이 주유소에서 1 리터당 책정된 가격을 곱해서 구할 수 있다. 또한 군것질 비용 200 까지 더해야 한다. 여기서, 계산된 비용은 센트 단위이므로 정수로 구해져야 한다. 즉, 전체 비용은 다음과 같이 계산된다.

int((1 번 위치 – 0 번 위치)/1 리터당 가는 거리*1 리터당 비용+200.5)

위에서 마지막에 200.5 를 더한 것은 정수로 만들기 전에 먼저 반올림을 하기 위한 것이다.

3 번 주유소의 계산을 위의 과정을 통해서 다시 한번 알아보자. 3 번 주유소는 0 번 위치부터 올 수 있다. 따라서 다음과 같은 과정으로 계산된다.

int((3 번 위치 – 0 번 위치)/1 리터당 거리*1 리터당 비용+200.5)+d[0]
int((3 번 위치 – 1 번 위치)/1 리터당 거리*1 리터당 비용+200.5)+d[1]
int((3 번 위치 – 2 번 위치)/1 리터당 거리*1 리터당 비용+200.5)+d[2]

위의 결과 중에서 가장 작은 결과를 d[3] 에 저장하게 된다. 위 표에서는 마지막 행인 최소 비용이 d 배열이 된다. 위 식에서 마지막에 더하게 되는 d[0], d[1], d[2] 는 각 주유소에서 지불한 최소 비용을 나타낸다.

일반 계차식으로 표현하면 다음과 같다.

d[i] = min(int((i 번 위치 – k 번 위치)/1 리터당 거리*1 리터당 비용
+200.5)+d[k])
[i 번 주유소에서 올 수 있는 시작 위치 <= k < i]

마지막에 도착지점에서는 최소 비용과 출발지에서 사용한 금액을 더한 값이 결과가 된다. 코드는 다음과 같다.

```
#include <iostream>
#include <iomanip>

using namespace std;

int main()
{
    double total, vol, mpg, money, cur, lim, cost;
    double a[52], b[52], d[52];
    int i, j, n, s, ic = 0;;

    a[0] = d[0] = 0;

    while (cin >> total) {
        if (total < 0) break;
        cin >> vol >> mpg >> money >> n;

        // 용량 * 리터당 갈 수 있는 거리로 현재 용량으로
        // 갈 수 있는 최대 거리를 구한다.
        lim = vol*mpg;

        s = 0;
        for (i = 1; i <= n; i++) cin >> a[i] >> b[i];
        a[n+1] = total;
        b[n+1] = 0;
```

```
for (i = 1; i <= n+1; i++) {
    // 연료량을 넘지 않고 출발할 수 있는 주유소 위치를 구한다.
    cur = a[i]-a[s];
    while (cur > lim) cur = a[i]-a[++s];


    // 이전 주유소에서 현재 주유소까지 올 수 없는 경우
    if (s == i) {
        d[n+1] = 2;
        break;
    }


    // 현재 주유소로 오는 이전 주유소들 중에서
    // 가장 적은 비용이 드는 경우를 구한다.
    d[i] = int((a[i]-a[s])/mpg*b[i]+200.5)/100.+d[s];
    for (j = s+1; j < i; j++) {
        cost = int((a[i]-a[j])/mpg*b[i]+200.5)/100.+d[j];
        if (d[i] > cost) d[i] = cost;
    }
}


// 마지막 도착지는 주유소가 아니므로 군것질 비용이
// 들어가지 않으므로 다시 군것질 비용을 뺀다.
d[n+1] -= 2;


cout << "Data Set #" << ++ic << endl;
```

```
    cout << "minimum cost = $" << fixed << setprecision(2)
        << d[n+1]+money << endl;
  }


  return 0;
}
```

Chapter 08
D y n a m i c   P r o g r a m m i n g

UVA357 방법 개수

대형 판매점에서 물건값을 지불한 후, 잔돈이 17 센트였다. 17 센트는 1 다임, 1 니켈, 2 페니로 구성되어 있었다. 그날 이후, 편의점을 이용했다. 거기서도 잔돈은 17 센트였다. 이번에는 2 개의 니켈과 7 개의 페니를 받았다. 많은 상점을 이용했을 때, 17 센트로 구성될 수 있는 잔돈의 구성 가지수가 얼마나 되는지가 궁금했다. 여기에 미쳐 발품을 판 덕에, 그는 6 개의 방법이 가능하다는 걸 알았다. 그는 일반적인 동전의 구성법을 의뢰했다.

주어진 금액을 미국 동전(페니: 1 센트, 니켈: 5 센트, 다임: 10 센트, 쿼터: 25 센트, 하프-달러: 50 센트)으로 구성할 수 있는 총 개수를 구하는 프로그램을 작성하여라.

입력

입력은 0~30,000 사이의 금액이 한 줄에 하나씩 입력된다. 입력은 EOF 로 종료된다.

출력

출력은 각 입력 금액마다 아래 형식 중 한 가지로 결과를 한 줄씩 출력한다. m 은 프로그램에서 구한 값이고, n 은 입력 값을 나타낸다. 조합 개수가 1 보다 큰 경우는 아래 형식 중 첫 번째 형식을 사용하고, 조합 개수가 1 인 경우는 두 번째 형식을 사용하도록 하여라.

There are m ways to produce n cents change.

There is only 1 way to produce n cents change.

입력 예제

```
17
11
4
```

출력 예제

There are 6 ways to produce 17 cents change.

There are 4 ways to produce 11 cents change.

There is only 1 way to produce 4 cents change.

풀이

이 문제는 기본적인 동적 계획법의 CC 를 그대로 구현한 것에 불과하다. 단, 최대 30,000 에 대한 경우까지 구해야 하므로 int 형의 범위를 넘어가므로 64 비트 정수형인 "long long int" 형을 사용해야 한다.

```cpp
#include <iostream>
#include <algorithm>

using namespace std;

int main()
{
  long long int d[30001];
  int coin[5] = {1, 5, 10, 25, 50};
  int i, j;

  fill(d, d+30001, 0);
  d[0] = 1;

  // 기본 CC 알고리즘으로 구현
  for (i = 1; i <= 5; ++i) {
    for (j = 0; j <= 30000; ++j) {
      if (j >= coin[i-1]) d[j] += d[j - coin[i-1]];
    }
  }
```

```
  while (cin>>i) {
    if (d[i] > 1) {
      cout << "There are " << d[i] << " ways to produce " << i
          << " cents change." << endl;
    }
    else {
      cout << "There is only 1 way to produce " << i
          << " cents change." << endl;
    }
  }

  return 0;
}
```

Chapter 09
Dynamic Programming

UVA562 동전 나누기

네덜란드인이 구리선을 발명했다고 일반적으로 알려져 있다. 두 명의 네덜란드인이 동전 50 원를 가지고 서로 가지려고 다투고 있었다. 둘 다 동전을 얻고자 하는 마음이 컸기 때문에 다툼은 점점 더 격렬해졌고, 급기야 동전이 길게 늘어 났으며, 이로 인해 구리선이 탄생되었다.

두 사람이 동전을 담은 가방을 나누기 위해 다툼이 시작된 것은 아무도 모른다. 가방 속 내용물은 공평하게 나뉘어지도록 구성되지 않았다. 과거 네덜란드인들은 분배에 대해 그들 중 한 사람이 동의해야 한다는 사실을 이해하지 못했으며, 항상 마지막 동전까지도 공평하게 분배하길 원했다. 오늘날은 동전 하나까지 다투는 모습을 더 이상 찾아보기 힘들지만, 가능한 공평하게 분배하는 방법은 영원히 중요한 문제이다.

누구나 두 사람 사이의 동전 가방을 가장 공평하게 분배할 수 있는 것은 아니다. 당신은 이 문제를 해결해야 한다.

100 개 이하의 동전을 갖는 가방이 입력되면, 두 사람 사이에 동전을 가장 공평하게 분배해야 한다. 즉, 이것은 각 사람이 얻을 수 있는 돈의 차이를 최소화해야 한다는 의미이다. 동전은 1 원에서 500 원까지 구성된다. 동전 하나를 나누어 갖는 것은 불가능하다.

입력

테스트 데이터 개수가 n 개 입력되며, 각 테스트 데이터는 다음과 같이 구성된다.

·• 가방에 들어있는 100 이하의 동전 개수 m 이 한 줄 입력된다.
·• 동전의 각 값어치를 갖는 동전이 한 줄로 m 개가 입력된다.

출력

출력은 n 개 줄로 구성되어야 한다. 각 줄에는 동전을 나누었을 때 구한 두 사람의 최소 금액차를 출력해야 한다.

입력 예제

```
2
3
2 3 5
4
1 2 4 6
```

출력 예제

```
0
1
```

풀이

일단, 존재하는 동전으로 구성가능한 모든 경우를 구하도록 한다. CC 알고리즘과 비슷하다. 두 번째 예제 데이터로 살펴보자. 두 번째 예제 데이터의 동전 개수는 4 이며, 동전의 종류는 1, 2, 4, 6 이다. CC 와 같이 가능한 동전으로 구성가능한 모든 경우를 구해보자. 우선 동적 계획표에 0 원을 구성할 수 있는 가지수를 1 로 체크하자. 현재, 동전들로 구성할 수 있는 최대 합계가 13 이므로 13 까지만 나타내었다.

0	1	2	3	4	5	6	7	8	9	1 0	11	1 2	1 3
1	0	0	0	0	0	0	0	0	0	0	0	0	0

1 원을 사용하면 현재 최대 합계가 0 이므로 0 ~ 0 중에서 1 이 있는 위치에서 1 원을 더한 곳에 1 로 세팅해준다.

0	1	2	3	4	5	6	7	8	9	1 0	11	1 2	1 3
1	**1**	0	0	0	0	0	0	0	0	0	0	0	0

다음 동전인 2 원으로는 0 ~ 1 원까지 검사한다. 이들 중 1 원이 있는 위치에서 2 를 더한 곳에 1 로 세팅해준다.

0	1	2	3	4	5	6	7	8	9	10	11	12	13
1	1	**1**	**1**	0	0	0	0	0	0	0	0	0	0

이제 4 원으로 세팅해보자. 현재까지의 합계인 0 ~ 3 원까지를 역시 검사하면서 같은 방식으로 세팅한다.

0	1	2	3	4	5	6	7	8	9	10	11	12	13
1	1	1	1	**1**	**1**	**1**	**1**	0	0	0	0	0	0

마지막 동전 6 원을 세팅하면 0 ~ 7 원 까지 검사하게 된다. 이때, 0 원에 위치한 1 에 6 을 더한 위치는 이미 1 로 세팅되어 있다. 따라서, 1 을 더하는 것이 아니고 그냥 1 로 그대로 세팅만 해준다. 우리는 해당 금액을 구할 수 있는 총 가지수를 구하는 것이 아니라, 해당 금액을 구할 수 있느냐 없느냐만 판단할 것이기 때문이다.

0	1	2	3	4	5	6	7	8	9	1 0	11	1 2	1 3
1	1	1	1	1	1	**1**	**1**	**1**	**1**	**1**	**1**	**1**	**1**

주의해야 할점은 0 부터 현재 합계인 sum 까지 검사할 때 앞에서 부터 검사하면 세팅하는 경우 중복 오류가 발생할 수 있다. 예를 들어, 0~5 원 까지 4 원을 더해서 세팅하는 경우 아래와 같이 세팅되있다고 가정해보자.

0	1	2	3	**4**	5	6	7	8	9	1 0
1	0	0	0	**0**	1	0	0	0	0	0

위 배열에서는 0 ~ 5 원 사이에는 1 원과 5 원이 현재 1 로 세팅되어 있다. 0 ~ 5 원에서 1 이 있는 값에 4 원을 더해서 넣을 때 앞에서 검색하면 다음과 같은 결과가 초래된다.

0	1	2	3	**4**	5	6	7	**8**	9	10
1	0	0	0	**1**	1	0	0	**1**	**1**	0

원래대로라면 0 원과 5 원에 각각 4 원이 더해져서, 4 원과 9 원에만 세팅이 되어야 한다. 그러나, 앞에서 부터 검사하는 경우 0 원에서 4 원에 먼저 세팅되고, 다시 4 원에서 4 원이 더해진 8 원에도 세팅이 된다. 따라서, 뒤에서 앞으로 검사하면서 1 로 세팅된 위치에다가 4 원을 더한 위치에 1 로 세팅해주어야 한다.

이제 현재 동전들로 구성할 수 있는 모든 경우를 구했다면, 둘의 차이가 최소가 되는 경우를 구해보자. 예를 들어, 총 합계가 10 원인데, 나누어진 결과가 2 원과 8 원이라면 차이는 6 원으로 쉽게 알 수 있다. 그러나, 합계만 알고 어느 한 쪽을 구성할 수 있는 방법을 안다면 어떻게 구할 수 있을까?

합계 10 원을 알고, 한 쪽인 8 원을 안다고 해보자.

합계: 10 A: 8 원 B: ? 원

합계에서 A 가 가진 금액을 빼면 나머지 사람인 B 가 갖고 있는 금액도 쉽게 알 수 있다.

합계: 10 A: 8 원 B: 2(합계 − A) 원

그렇다면, A 와 B 의 차이를 구해보자.

차이 = abs(A−B) = abs(A−(합계−A)) = abs(A−합계+A) = abs(2*A−합계)

위와 같이 구할 수 있다. 이전에 구해둔 동적 계획표에서 구해보자.

0	1	2	3	4	5	6	7	8	9	10	11	12	13
1	1	1	1	1	1	1	1	1	1	1	1	1	1

두 번째 예제인 4 가지 동전과 1, 2, 4, 6 원이 있는 경우의 최소 차이를 구해보자. 위의 배열에서 1 로 세팅된 위치는 주어진 동전으로 세팅할 수 있는 모든 금액의 종류이며, 한 사람이 가질 수 있는 모든 종류가 된다. 따라서, 위에서 "1 로 세팅된 위치*2−합계" 의 절대값이 가장 작은 경우가 해답이 된다. 구현한 코드는 다음과 같다.

```
#include ⟨iostream⟩
#include ⟨cmath⟩
#include ⟨algorithm⟩

using namespace std;

int main()
{
  bool d[50001];
  int cnt, i, j, mn, n, t ,sum;

  cin ≫ cnt;
  while(cnt--) {
    fill(d, d+50001, false);
    d[0] = true;

    sum = 0;

    cin ≫ n;
    for (i = 0; i < n; i++) {
      cin ≫ t;

      // 입력되는 돈으로 구성가능한 모든 곳을 true 로 체크
      for (j = sum; j >=0; j--) {
        if (d[j]) d[j+t] = true;
      }
```

```
      sum += t;
   }


   // 가능한 조합 중 최소의 차이를 구한다.
   mn = 999999999;
   for (i = 0; i <= sum; i++) {
     if (d[i] && abs(2*i-sum) < mn) mn = abs(2*i-sum);
   }
   cout << mn << endl;
  }


  return 0;
}
```

Chapter 10
D y n a m i c P r o g r a m m i n g

UVA751 삼각형 게임

삼각형 게임은 아래 삼각형 격자에서 2 명이 하는 게임이다.

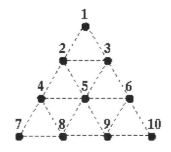

2 명을 각각 A 와 B 라 할 때, A 부터 번갈아 가면서 임의의 두 점을 연결해간다. 한번 연결된 선은 다시 연결할 수 없다. 하나 이상의 삼각형을 먼저 만든 사람은 그 삼각형을 자신의 것으로 하며, 한번 더 연결할 수 있는 기회를 갖게 된다. 즉, 상대편은 한번의 기회를 잃게 된다. 모든 점들이 연결되면 게임은 끝나며, 가장 많은 삼각형을 가진 사람이 이긴다.

예를 들어, A 가 2 번과 5 번 점을 이으면 다음 그림과 같이 상태가 변한다.

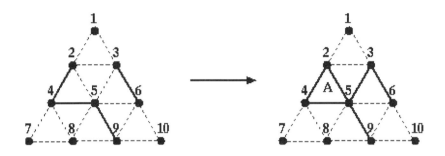

이때, A 라고 표시한 삼각형을 갖게 되며, 선 연결 기회가 한 번더 주어지므로 3 번과 5 번 사이의 선을 연결한 것이다. B 는 이때 2 번과 3 번을 연결하고, 다시 5 번과 6 번을 연결하고, 마지막으로 6 번과 9 번까지 연결하여 3 개의 삼각형을 가질 수 있다. B 는 이때, 한번의 연결 기회를 더 갖게 된다.

이 문제에서는 이미 선택한 횟수가 주어진다. 주어진 상태의 게임부터 게임이 끝났을 때, 누가 이길 적인지를 결정해야 한다. A 와 B 두 명은 선택할 수 있는 기회에서 가장 많은 삼각형을 얻을 수 있는 선을 선택하도록 한다.

입력

첫 줄에는 게임의 전체 개수가 주어진다. 각 게임 데이터에서 첫 번째 정수 m 의 범위는 6 <= m <= 18 이며, 현재까지 선택한 상태의 개수를 나타낸다. 다음 m 개 라인에 걸쳐서, 두 명이 순서대로 선택한 선의 데이터가 주어진다. 각각 i 와 j 는 선택하는 선의 양 끝의 번호를 나타낸다. 이때, j 는 i 보다 작은 값이 입력된다. 주어진 선택 데이터는 에러 없이 입력된다.

출력

각 게임 별로, 게임 번호를 출력하고, 결과를 한 줄로 출력한다. A 가 이겼다면, "A wins." 로 출력하고, B 가 이겼다면 "B wins." 로 출력하도록 한다. 출력 형식은 출력 예제를 참고해라.

입력 예제

```
4

6
2 4
4 5
5 9
3 6
2 5
3 5
7
2 4
4 5
5 9
3 6
2 5
3 5
7 8
6
1 2
2 3
1 3
2 4
2 5
4 5
10
```

```
1 2
2 5
3 6
5 8
4 7
6 10
2 4
4 5
4 8
7 8
```

출력 예제

```
Game 1: B wins.
Game 2: A wins.
Game 3: A wins.
Game 4: B wins.
```

메모장

풀이

우선 다음과 같이 삼각형의 각 선에 대해서 번호를 정의하도록 한다.

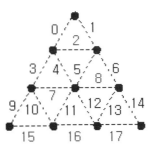

번호는 위에서 대각선에 대해서 왼쪽에서 오른쪽으로 붙여진다. 대각선 다음에는 수평선에 대해서 번호를 붙인 것이다. 위 그림에서 파란색 숫자는 수평선을 나타낸다. 이 문제는 주어진 삼각형 퍼즐 보드판에서 나타날 수 있는 상태를 이진수로 표현한다.

17	16	15	14	13	12	11	10	9	8	7	6	5	4	3	2	1	0
0	0	0	0	0	0	0	0	0	0	0	0	0	0	0	0	0	0

실제 상태는 위와 같이 18 개의 비트로 표현한다. 초기에는 선이 그려지지 않은 상태로 0 으로 초기화된다. 각 비트의 번호는 각 간선의 번호와 동일하다. 따라서, 문제에서 주어진 그림의 상태는 다음과 같은 간선 번호를 차지한다.

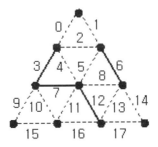

위의 상태를 비트로 표현하면 다음과 같다.

17	16	15	14	13	12	11	10	9	8	7	6	5	4	3	2	1	0
0	0	0	0	0	**1**	0	0	0	0	**1**	**1**	0	0	**1**	0	0	0

우선은 각각의 비트를 나타내는 숫자를 m 이라는 배열로 세팅한다. 예를 들어 3 번 간선을 나타내는 네 번째 비트는 다음과 같이 표현된다.

m[3] = 1 〈〈 3;

위 표현은 1을 3 번 왼쪽으로 시프트한 것이다.

17	16	15	14	13	12	11	10	9	8	7	6	5	4	3	2	1	0
0	0	0	0	0	0	0	0	0	0	0	0	0	0	0	0	0	1

위의 표와 같이, 마지막의 1 의 값을 왼쪽으로 3 번 옮기면 다음과 같이 변화된다.

17	16	15	14	13	12	11	10	9	8	7	6	5	4	3	2	1	0
0	0	0	0	0	0	0	0	0	0	0	0	0	0	**1**	0	0	**0**

각 간선에 대해서 m 배열의 원소로 정의해둔다. 물론 i 번째 원소는 "1 〈〈 i" 로 세팅된다.

이번에는 삼각형을 구성하는 정보를 세팅해주어야 한다. 삼각형 퍼즐 보드판에는 위로 보고 있는 삼각형이 6 가지이며 다음과 같다.

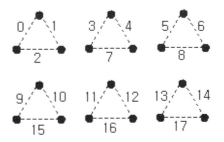

위 그림중에 두 번째 삼각형을 세팅해보자. 두 번째 삼각형은 3 번, 4 번 7 번 간선으로 삼각형을 형성하게 된다.

t = m[3] | m[4] | m[7];

위와 같이, 각 간선의 비트를 OR 연산자('|') 로 묶어준다. OR 연산자로 묶어주면 3 번째, 4 번째, 7 번째 비트만 값이 1 이 된다. 이렇게 세팅된 t 는 두 번째 삼각형이 완성된 상태를 나타낸다. 이제 하나의 간선이 그려질 때 나머지 두 세팅될 나머지 두 비트를 표현해보자. 3 번 간선은 다음과 같이 세팅된다.

up[3] = t ^ m[3];

t 에다가 m[3] 을 XOR 연산(^)을 취해주면 m[3] 의 비트만 0 으로 바뀌게 된다. 따라서, up 배열은 각 간선이 세팅될 때 삼각형을 만드는데 필요한 나머지 간선 정보를 표현한 것이다. 즉, up[3] 은 3 번 간선이 선택될 때, 삼각형을 구성하는데 필요한 간선이 4 번 간선과 7 번 간선으로 정보를 세팅한 것이다.

중앙 꼭지점이 아래로 향하는 삼각형의 경우는 다음과 같다.

아래로 향하는 삼각형 정보는 dn 배열을 사용해서 세팅해준다. 하나의 간선이 위로 향하는 삼각형에 속하기도 하고 아래로 향하는 삼각형에 속하기도 하므로 두 개의 정보를 각기 다른 배열에 세팅하는 것이다.

어떤 상태에서 모든 간선을 놓아보면서 다음 상태로 바꾸면서 모든 상태를 DFS 로 방문해야 한다. 이때, 이전에 방문한 적이 있는 상태라면 그 상태 이후에 세팅된 값을 그대로 리턴해준다. 어떤 상태에서 간선을 놓았을 때 삼각형이 이루어질 수 있는지를 검사하는 방법에 대해서 알아보자. 문제에서 주어진 상태를 예로 설명하겠다.

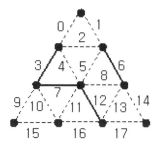

1 7	1 6	1 5	1 4	1 3	1 2	1 1	1 0	9	8	7	6	5	4	3	2	1	0
0	0	0	0	0	1	0	0	0	0	1	1	0	0	1	0	0	0

위 상태에서 현재 놓이지 않은 간선을 모두 놓아보면서 조사해보아야 한다. 간선을 놓는다는 의미는 해당 위치의 비트를 1 로 세팅하는 것이다. 우선 상태는 state 라는 변수에 세팅되어 있다고 하자. i 번째 위치의 비트가 1 인지를 검사하는 코드는 다음과 같다.

if (!(m[i] & state))

위 코드는 우선 i 번째의 비트 m[i] 와 현재 상태를 AND 연산('&')을 취한다. 만일 i 번째 비트가 세팅되어 있으면 결과는 True 이고, 세팅되지 않았다면 결과가 False 가 된다. 여기에, NOT 연산('!') 을 취하여 True 와 False 를 바꾸었다. 따라서, 위에서 조건문은 현재 i 번째 비트가 세팅되어 있지 않는지를 검사한것이다.

이번에는 i 번째 간선을 놓아서 삼각형을 이룰 수 있는 개수를 알아보자.

if (up[i] & state == up[i])
if (dn[i] && (dn[edge] & state) == dn[i])

위의 코드는 i 번째 간선을 놓아서 위로 향하는 삼각형을 구성할 수 있는지를 검사한 것이다. 즉, i 번째 간선외에 삼각형을 만들 수 있는 비트 정보는 up[i] 에 저장되어 있으므로, 이 정보와 현재 상태를 AND 연산해서 up[i] 와 같은지를 비교한다. 만일, 비교한 결과가 같다면 i 번 간선을 제외한 나머지 두 개의 간선이 현재 그려져 있다는 얘기가 된다.

두 번째 코드는 아래로 향하는 삼각형이 구성될 수 있는지를 검사하는 방법이다. 아래로 향하는 삼각형의 경우 검사에 사용되지 않는 간선들도 있으므로, 해당 간선이 아래로 향하는 삼각형 정보를 갖고 있는지 먼저 비교한다.

만일 현재 간선이 놓아져서 삼각형을 만들 수 있는 경우에는 해당 삼각형의 개수가 자신의 개수에 더해진다. 그러나, 삼각형을 만들지 못하는 경우에는 두 사람의 순서가 바뀌므로 이후의 결과를 내 개수와 상대의 개수를 바꾸어 저장해주도록 한다. 전체 코드는 다음과 같다.

```cpp
#include <iostream>
#include <algorithm>

using namespace std;

int m[18];
int up[18], dn[18];
// 상태에 따른 모든 가지수
const int states = 1 << 18;
int me[states], you[states];

int triangle(int state, int edge)
{
    int i = 0;

    // 해당  간선을 놓아서 위쪽 삼각형이 되는지 검사
    if ((up[edge] & state) == up[edge]) i++;

    // 아래쪽 삼각형도 만들어 지는지를 검사
    if (dn[edge] && (dn[edge] & state) == dn[edge]) i++;

    // 만족하는 개수 리턴
    return i;
}
```

```
// dynamic dfs 이용하여 모든 상태 방문 저장
void dynamic_dfs(int state)
{
  int i, _me = -1, _you = -1, __me, __you;
  int tr, s;

  // 이전에 구한 상태인 경우 반복을 중단하도록 한다.
  if (me[state] != -1) return;

  for (i = 0; i < 18; i++) {
    // i 번 간선을 사용 안한 경우
    if (!(m[i] & state)) {
      // i 번 간선을 놓았을 때 생기는 삼각형 개수 검사
      tr = triangle(state, i);

      // 현재 상태에 지금 선택하는 선의 번호를 덧붙여 준다.
      s = m[i] | state;

      // 다음 상태로 가기 위해서 검사
      dynamic_dfs(s);

      // 현재 상태에서 삼각형을 만들 수 있는 경우
      // 완성할 수 있는 개수 만큼 더해준다.
      if (tr > 0) {
        __me = me[s] + tr;
        __you = you[s];
```

```
        }
        else {
            // 삼각형을 만들 수 없는 경우 반대 사람의 상태로
            // 각각 세팅된다.
            __me = you[s];
            __you = me[s];
        }


        // 제일 많은 개수 세팅
        if (__me > _me) {
            _me = __me;
            _you = __you;
        }
    }
}

// 내가 이기는 경우와 상대가 이기는 경우의 개수를 세팅
me[state] = _me;
you[state] = _you;
}

// 두 점으로 부터 간선 번호 찾기
int edge (int x, int y)
{
    if (x > y) swap(x, y);
    if (x == 1 && y ==  2) return  0;
```

```
    if (x == 1 && y ==  3) return  1;
    if (x == 2 && y ==  3) return  2;
    if (x == 2 && y ==  4) return  3;
    if (x == 2 && y ==  5) return  4;
    if (x == 3 && y ==  5) return  5;
    if (x == 3 && y ==  6) return  6;
    if (x == 4 && y ==  5) return  7;
    if (x == 5 && y ==  6) return  8;
    if (x == 4 && y ==  7) return  9;
    if (x == 4 && y ==  8) return 10;
    if (x == 5 && y ==  8) return 11;
    if (x == 5 && y ==  9) return 12;
    if (x == 6 && y ==  9) return 13;
    if (x == 6 && y == 10) return 14;
    if (x == 7 && y ==  8) return 15;
    if (x == 8 && y ==  9) return 16;
    if (x == 9 && y == 10) return 17;
    return 0;
}


int main ()
{
  int n, game = 1, i, t, r, state, _me, _you;
  int x, y, e, tr;
  bool turn;
```

```
// 모든 경우에 대한 상태 구하기
for (i = 0; i < 18; i++) m[i] = 1 << i;


// 위로 보는 삼각형에서 간선 번호외에 필요한 번호 세팅
t = m[0]|m[1]|m[2]; up[0] = t^m[0];

up[1] = t^m[1]; up[2] = t^m[2];

t = m[3]|m[4]|m[7]; up[3] = t^m[3];

up[4] = t^m[4]; up[7] = t^m[7];

t = m[5]|m[6]|m[8]; up[5] = t^m[5];

up[6] = t^m[6]; up[8] = t^m[8];

t = m[9]|m[10]|m[15]; up[9] = t^m[9];

up[10] = t^m[10]; up[15] = t^m[15];

t = m[11]|m[12]|m[16]; up[11] = t^m[11];

up[12] = t^m[12]; up[16] = t^m[16];

t = m[13]|m[14]|m[17]; up[13] = t^m[13];

up[14] = t^m[14]; up[17] = t^m[17];


// 아래로 보는 삼각형에서 간선 정보 세팅
t = m[2]|m[4]|m[5]; dn[2] = t^m[2];

dn[4] = t^m[4]; dn[5] = t^m[5];

t = m[7]|m[10]|m[11]; dn[7] = t^m[7];

dn[10] = t^m[10]; dn[11] = t^m[11];

t = m[8]|m[12]|m[13]; dn[8] = t^m[8];

dn[12] = t^m[12]; dn[13] = t^m[13];


// 상태 초기화
```

```
fill(me, me+states, -1);
fill(you, you+states, -1);
me[states-1] = you[states-1] = 0;


// 모든 상태에 대한 가지수를 구한다.
for (i = 0; i < states; i++) dynamic_dfs(i);


cin >> n;
while (n--) {
  cin >> r;
  state = _me = _you = 0;
  turn = true;

  for (i = 0; i < r; i++) {
    cin >> x >> y;



    // 두 점에 의해 연결되는 간선 번호 알아내기
    e = edge(x, y);


    // 삼각형을 만들 수 있는지 검사
    tr = triangle(state, e);
    state |= m[e];


    // turn 이 true 면, 내것의 개수 증가
    // 0 이면 다른 사람것 증가
```

```
    // 삼각형을 못 만들면 순서 바꿈
    if (turn) {
      if (tr) _me += tr;
      else turn = false;
    }
    else {
      if (tr) _you += tr;
      else turn = true;
    }
  }


  // 입력이 끝난 경우 현재 상태에서
  // 내가할 상태면 내 개수에 me 를 남에것에 you 를 더하고
  // 남이 할 상태면 내 개수에 you, 남에 것에 me 를 더해준다.
  if (turn) {
    _me += me[state];
    _you += you[state];
  }
  else {
    _me += you[state];
    _you += me[state];
  }


  // 결과 출력
  if (_me > _you) {
    cout << "Game " << game << ": A wins." << endl;
```

```
    {
  else if (_me < _you) {
    cout << "Game " << game << ": B wins." << endl;
  }
  else cout << "Game " << game << ": Weird result." << endl;
  game++;
 }


  return 0;
}
```

Chapter 11
D y n a m i c   P r o g r a m m i n g

UVA882 편지함 제조업자

좋았던 예전 시절, 스웨덴 아이들은 불꽃 폭죽을 터트리는게 허용되었다. 흥분한 아이들 집단은 일심동체가 되어 부활절 기간에 작은 도시를 괴롭혔다. 작은 상자들은 더 쉽게 폭발되었다. 그래서, 편지함이 주요 목표가 되었다. 그래서, 작은 편지함 제조업자는 많은 불꽃 폭죽에 대해서, 새로운 편지함이 폭발없이 잘 버텨낼 수 있는지에 관심이 많았다. 프로그래머가 그를 돕기 위해 고용되었다.

1 ~ 100 사이의 m 개 폭죽에다가, 1 ~ 10 사이의 k 개 편지함이 제공된다. 그러나, 제조업자는 이 문제를 해결하기 위해 프로그래머에게 제공해야 되는 불꽃 폭탄의 개수를 정하지 못하고 있다. 잠시 고민 후 프로그래머가 말했다. "좋아요, 내가 편지함을 폭발시켜버리면, 다시는 그것을 사용할 수 없을 것입니다. 그래서, 단지 1 개의 편지함만 제공받는다면, 1 개의 폭탄으로 테스트 해보고 안터지면, 2 개의 폭탄으로 해보는 식으로, 마지막에 터질 때까지 해야 됩니다. 최악의 경우에, m 개의 폭죽까지 채우고도 편지함이 폭발하지 않는다면, 1 + 2 + 3 + ... + m = m * (m + 1)/2 개의 폭죽이 필요합니다. 만일 m = 100 이면, 5000 개보다 많은 불꽃 푹죽 필요하게 됩니다." "너무 많소" 제조업자가 말했다. "제가 2 개 이상의 편지함을 제공하면, 폭죽을 더적게 사용할 수 있는 방법을 찾을 수 있겠소?"

프로그래머는 할 수 있을까? 그리고, 프로그래머에게 제공해야될 최소 폭죽의 개수는 얼마나 될까?

다음의 규칙이 적용된다.

1. 편지함이 x 개의 불꽃 폭줄을 견뎌낸다면, x-1 개의 불꽃 푹죽도 견딜 수 있다.
2. 폭발 시에, 편지함이 완전 분해된다. 또한, 폭발되지 않는다면 다음 폭발 테스트에 재사용가능할 정도로 멀쩡하게 형태가 유지된다.

주의: 편지함이 m 개의 불꽃 폭죽의 완전히 견대낼 수 있다면, 제조업자는 그 해결책에 완전히 만족할 것이다. 그러나, 그렇지 않은 경우는 편지함이 견딜 수 있는 최대 불꽃 폭죽 개수를 찾을 것이다.

입력

입력은 테스트 데이터의 개수 N 이 1 ~ 10 범위로 입력된다. 각 테스트 데이터는 두 정수 k 와 m 으로 한 줄씩 입력된다.

출력

각 테스트 데이터에 대해서, 최악의 경우에 편지함이 견질 수 있는 개수를 계산하기 위해서 필요한 불꽃-폭죽의 최소 개수를 한 줄 출력하여라.

입력 예제

```
4
1 10
1 100
3 73
5 100
```

출력 예제

```
55
5050
382
495
```

풀이

이 문제는 대각선 세팅 방식을 사용한다. 우선 초기 세팅은 일정 개수부터 해당 개수까지의 합으로 세팅한다. 예를 들어, 폭탄의 개수가 다섯 개라면 다음과 같이 세팅된다.

1	3	6	10	15
0	2	5	**9**	14
0	0	3	7	12
0	0	0	4	9
0	0	0	0	5

위 표는 초기 값으로, 위에서 2 행 4 열의 9 라는 값은 폭탄을 2 개 부터 4 개까지 사용한 경우이다. 편지함이 1 개만 있는 경우는 폭탄을 1 개부터 차례대로 n 개 까지 사용해서 알아내야 하는 첫 번째 행의 값만 필요하게 된다.

즉, 편지함이 1 개이고, 폭탄을 5 개 까지 견디는 편지함이라면 위에 표에서 1 행 3 열의 값인 6 개가 필요하게 된다.

예를 들어, 편지함이 견디는 폭탄의 개수가 5 개이고, 편지함이 3 개라고 가정해보자.

일단, 2 개를 하나의 편지함에서 터트려 보자.

편지함이 터지는 경우, 남은 2 개의 편지함 중에서 1 개의 편지함이 폭탄 1 개가 견딜 수 있는지 시험해보아야 한다.

그러나, 터지지 않는 경우는 남은 3 개의 편지함으로 다시 3 개에서 5 개 사이의 폭탄으로 실험해 볼 수 있다.

방금 선택한 2 개도 임의로 선택한 경우이다. 이렇게 임의로 선택하는 수는 1 개에서 5 개가 된다. 임의의 선택하는 개수가 k 개 라면, 터졌을 때 1 개 소멸한 편지함에서 1 ~ k-1 개 까지의 최소로 선택하는 개수와, 터지지 않았을 때 아직 남아있는 편지함으로 k+1 ~ n 개를 구하는 최적으로 사용하는 폭탄의 개수로 구해진다.

k 를 옮겨가며, 구해지는 개수 중 가장 작게 사용한 폭탄의 개수가 최적의 개수가 된다. 다시 표를 통해서 이해해보자. 편지함이 2 개인 경우는 어떻게 될까?

1	3	6	10	15
0	2	5	9	14
0	0	3	7	12
0	0	0	4	9
0	0	0	0	5

우선 두 번째 편지함까지 사용하는 경우에는 세팅은 첫 번째 편지함을 사용한 경우와 같이 최악의 경우 위의 개수보다 더 커질 수는 없으므로 첫 번째 값들을 복사해준다.

1	↘	6	10	15
0	2	↘	9	14
0	0	3	↘	12
0	0	0	4	↘
0	0	0	0	5

다음으로 위와 같은 대각선 방향의 값들에 대해서 먼저 갱신해준다. 예를 들어, 3 행 4 열의 값을 세팅해보자. 3 행 4 열의 값은 두 개의 편지함으로 3 개부터 실험하는 것이므로, 1 개의 편지함으로 0 개를 실험하고 2 번째 편지함으로 3 개를 터트리는 경우와 2 개의 편지함으로 4 ~ 4 개만 실험한 경우에서 3 개를 더 터트려 보는 경우가 있다. 두 가지 경우 중 더 최악인 경우의 값을 구하고, 3 행 4 열에 저장된 값보다 폭탄의 개수가 작으면 갱신하도록 한다.

그러나, 첫 번째 대각선 처리에서는 아무런 변화가 없다.

1	**3**	6	10	15
0	2	**5**	9	14
0	0	3	**7**	12

0	0	0	4	**9**
0	0	0	0	5

다음 두 번째 대각선을 처리해보자.

1	3	↘	10	15
0	2	5	↘	14
0	0	3	7	↘
0	0	0	4	9
0	0	0	0	5

2 행 4 열의 값을 생각해보자. 2 행 4 열의 값은 2 개부터 4 개를 실험하는 경우의 최악의 경우를 구해야 한다. 여기서 사용할 수 있는 방법은 다음과 같다.

1.1 첫 번째 편지함에서 아무것도 터트리지 않은 상태에 바로, 2 개의 폭탄을 두 번째 편지함에서 터트리는 경우 => a[1][2][1]+2

1.2 두 번째 편지함에서 3 + 4 개를 터트린 개수에서, 다시 2 개를 터트린 경우 => a[2][3][4]+2

중 최악의 개수 => max(a[1][2][1]+2, a[2][3][4]+2) = max(2, 9) = 9

2.1 첫 번째 편지함에서 2 개만 터트린 상태에 바로, 3 개의 폭탄을 두 번째 편지함에서 터트리는 경우 => a[1][2][2]+3

2.2 두 번째 편지함에서 4 개를 터트린 개수에서, 다시 3 개를 터트린 경우 => a[2][4][4]+3

중 최악의 개수 => max(a[1][2][2]+3, a[2][4][4]+3) = max(5, 7) = 7

위의 두 가지 경우 중 더 작은 값은 값과 이미 저장된 2 행 4 열의 값 중에서 더 작은 값을 저장해준다.

1	3	**5**	10	15
0	2	5	**7**	14
0	0	3	7	**9**
0	0	0	4	9
0	0	0	0	5

즉, i 번째 편지함에서, j 개 부터 k 개까지 실험하는 경우인 a[i][j][k] 를 갱신하는 방법은 다음과 같다.

```
for (l = 0; l < k; l++) {
    a[i][j][k] = min(a[i][j][k], max(a[i-1][j][j+l-1],
                a[i][j+l+1][k])+j+l)
}
```

효율을 높이기 위해서, 최대 편지함의 개수와 최대 폭탄 개수만큼 먼저 구한 뒤에, 입력된 편지함의 개수와 폭탄 개수에 따라 저장된 값을 출력해주면 된다. 코드는 다음과 같다.

```
#include <iostream>
#include <algorithm>

using namespace std;

// 최대 폭탄의 개수
```

```
const int max_crackers = 102;
// 최대 편지함의 개수
const int max_mailboxes = 10;


int box[max_mailboxes][max_crackers][max_crackers];


void initbox()
{
  int i,j,k,l,size;


  // 단일 편지함 초기화
  for (i = 0;i < max_crackers; i++) {
    for (j = i; j < max_crackers; j++) { // 폭탄 개수
      // 1 ~ i 개까지의 합에서 1 ~ j 개 까지의 합을 빼주어,
      // j ~ i 까지의 합을 구해준다.
      box[0][i][j] = (((j+1)*j)>>1)-(((i+1)*i)>>1);
    }
  }
  // 나머지 편지함에 대해서 이전 세팅값 복사
  size = max_crackers*max_crackers*sizeof(int);
  for (l = 1; l < max_mailboxes; l++) {
    memcpy(box[l], box[0], size);
  }


  // 2 부터 최대 편지함까지 모든 편지함을 세팅해간다.
  // 대각 선으로 최소 행렬 곱셈과 같이 수행해간다.
```

```
  for (i = 1; i < max_mailboxes; i++) {
    for (j = 2; j < max_crackers; j++) { // 대각선의 개수
      for (k = 0; k < max_crackers-j; k++) {
        // 0 ~ 해당 대각선에 개수까지
        for (l = 1; l < j; l++) {
          // 이전 편지함에서 [k ~ k+l-1] +k+1 개
          // 현재 편지함에서 [k+l+1 ~ k+j] +k+1 개 터트리는 것중
          // 최악의 경우중 최소를 구한다.
          box[i][k][k+j]= min(box[i][k][k+j],
            k+l+max(box[i-1][k][k+l-1],box[i][k+l][k+j]));
        }
      }
    }
  }
}

int main()
{
  int n,a,b;

  initbox();

  // 테스트 데이터의 개수
  cin >> n;

  while (n--) {
```

```
    // 편지함의 수와 폭탄 개수
    cin >> a >> b;
    cout << box[a-1][0][b] << endl;
  }


  return 0;
}
```

Chapter 12
Dynamic Programming

UVA10000 최장 경로

현대시대를 살아가는 사람중에 사회 적응력이 결여된 사람들이 일부 존재한다는 사실은 이미 잘 알려져 있다. 사회 적응력의 한 예로 거리나 시간 간격을 계산하는 능력등을 들 수 있다. 그러한 사람들은 결혼식이나 프로그래밍 경진대회와 같은 중요한 약속에 매번 늦는 이유가 한 장소에서 다른 장소로 가는 길 중 가장 긴 길을 선택한다는데 있었다. 이것은 친한 사람들에는 꽤나 속태우는 일이 될 것이다.

시저가 바로 그러한 문제를 갖는 사람이다. 한 장소에서 다른 곳으로 가야할 때, 그는 많은 사람을 방문해야 하므로 항상 가장 긴 거리를 선택했다. 친구중 하나인 펠립은 시저에 대한 문제점을 잘 알고 있었다. 펠립은 컴퓨터의 도움으로 시저가 목적지에 도달하는 시간을 계산할 수 있을 거라고 생각했다. 펠립은 이 방법을 통해서 시저를 무작정 기다리기 보다는 다른 것에 시간을 시간을 투자할 수 있었다.

당신의 목표는 시저의 거주지인 시작 점과 그래프 정보를 이용하여 최장 경로의 길이를 계산하는 프로그램을 작성하여 펠립을 돕는 것이다. 시작 점에서 목적지로 가는 최소한 하나의 경로는 존재한다고 가정할 수 있다. 또한, 그래프는 한 지점에서 출발하여 다시 그 지점으로 돌아오는 사이클은 존재하지 않는다. 그래서, 시저는 일정한 시간 안에 도착할 것이다. 즉, 노드가 자기 자신으로 다시 연결되지는 않는다.

입력

입력은 여러 가지 테스트 데이터들로 구성된다. 각 데이터에서 첫 번째 줄은 시저가 방문할 지점의 개수를 나타내는 양의 정수 n 이 입력된다. n 의 범위는 1 < n <= 100 를 갖는다. n 값이 0 이 입력되면 입력 종료를 나타낸다.

n 다음 줄에는 시저가 출발하는 지점을 나타내는 두 번째 정수 s 가 입력된다. s 는 1 <= s <= n 범위를 갖는다. 그 다음 줄 부터 p 와 q 한 쌍의 데이터가 여러개 입력된다. "p q" 의 한 쌍은 시저가 p 에서 q 로 방문할 수 있음을 나타낸다.

p 와 q 의 값으로 "0 0" 입력되면 현재 테스트 데이터의 마지막 정보임을 나타낸다.

앞에도 언급했듯이, 제공된 그래프는 사이클이 없으며, 모든 장소는 시작 점으로부터 도착될 수 있다.

출력

각 테스트 데이터에 대해서, 시작 점에서 출발하는 경로 중 최장 경로의 길이를 찾아야 한다. 또한, 최장 경로의 마지막 도달 지점의 번호를 출력해야 한다. 최장 경로에 해당하는 경로가 여러 개라면, 마지막 도달 지점의 번호가 가장 작은 경로를 출력하여라.

각 테스트 데이터마다 한 줄씩 결과를 출력하도록 해라. 출력 형식은 출력 예제를 참고하여라.

입력 예제

```
2
1
1 2
0 0
5
3
1 2
3 5
3 1
2 4
4 5
0 0
5
5
5 1
5 2
5 3
5 4
4 1
4 2
0 0
0
```

출력 예제

Case 1: The longest path from 1 has length 1, finishing at 2.

Case 2: The longest path from 3 has length 4, finishing at 5.

Case 3: The longest path from 5 has length 2, finishing at 1.

풀이

시작 지점을 알고 다른 모든 지점으로 가는 경로중 최장 경로를 구해야 한다. 만일 시작점(starting point: sp) -〉 ... -〉 목적지(destination point: dp) 로 가는 경로가 최장 경로라고 해 보자. 문제에서 전체 지점의 개수가 입력된다. 최장 경로는 $(v_1, v_2, ..., v_n)$ 의 전체 지점에서 해답을 구하는데 필요한 지점 들만 선택된다. 1 ~ n 까지의 지점중 어떠한 지점을 v_k 라고 해보자.

만일 해답에 v_k 가 포함된다면, v_{sp} -> ... -> v_k -> ... -> v_{dp} 로 구해진다. 최장 경로는 sp 에서 출발해서 k 로 오는 경로 v_{sp} -> ... -> v_k 와 k 에서 출발해서 다시 dp 로 가는 경로 v_k -> ... -> v_{dp} 로 쪼개서 생각할 수 있다. 따라서, 경로의 길이를 vi 라는 배열에 저장한다고 하면, sp 에서 dp 까지의 거리는 2 차원 배열 형식으로 v[sp][dp] 로 나타낼 수 있다. 즉, k 지점이 최장 거리에 포함된다면 v[sp][dp] = v[sp][k] + v[k][dp] 로 나타낼 수 있다.

그러나, v_k 가 포함되지 않는다면, v[sp][dp] 는 값의 변동이 없다. 포함하지 않는 정보와 포함했을 때의 정보 중 더 큰 값을 가지는 것이 더 긴 거리를 갖게 된다. 따라서, 다음과 같이 나타낼 수 있다.

v[sp][dp] = max(v[sp][dp], v[sp][k]+v[k][sp]);

위 식처럼, k 점이 포함되지 않을 때랑 포함될 때 정보중 더 긴 경로를 선택하게 된다. v[sp][dp] 로 가는 지점에서 첫 번째 지점부터 포함되었을 때와 포함되지 않았을 때 정보중 더 긴 거리로 갱신 시켜간다.

```
for (k = 1; k <= n; k++) {
   v[sp][dp] = max(v[sp][dp], v[sp][k]+v[k][dp]);
}
```

즉 위 코드와 같이 구현할 수 있다. 문제에서는 어느 목적지로 갈수가 있다고 했으므로
dp 는 1 ~ n 중 아무대로나 갈 수 있다. 따라서 dp 도 모두 고려해야 한다.

```
for (dp = 1; dp <= n; ++dp) {
   for (k = 1; k <= n; ++k) {
      v[sp][dp] = max(v[sp][dp], v[sp][k]+v[k][dp]);
   }
}
```

입력으로 들어오는 데이터는 p 에서 q 로 갈 수 있는 지에 대한 정보 들이 들어온다.
이 문제는 지점간의 거리는 없으므로 무조건 거리는 1 로 정한다.

일반적인 방법으로는 n * n 만큼의 2 차원 배열을 사용하여 입력된 정보가 있는
경우는 1 로 그렇지 않은 경우는 0 으로 설정할 수 있을 것이다. 그러나, 실제로 0 으로
설정하는 정보는 필요없는 정보들이다. 위의 동적 계획법을 사용하기 위해서 억지로
사용하는 구조체인 것이다.

입력 예제중 두 번째 예제를 사용해보자.

```
5
3
1 2
```

```
3 5

3 1

2 4

4 5

0 0
```

만일 입력되는 정보의 시작과 끝점의 2 차원 배열로 정의하면 다음과 같다.

	1	2	3	4	5
1	0	1	0	0	0
2	0	0	0	1	0
3	1	0	0	0	1
4	0	0	0	0	1
5	0	0	0	0	0

위와 같이 배열로 정의하면 전체 5 * 5 = 25 개 중에서 5 개만 사용되어 낭비다. 자료구조와 알고리즘을 개선해보자. 일단을 구조체로 시작과 끝 값을 기록한다.

(1, 2)

(3, 5)

(3, 1)

(2, 4)

(4, 5)

그럼, 위와 같을 것이다. 여기서 시작 값을 이용하여 정렬하자.

(1, 2)

(2, 4)

(3, 5)

(3, 1)

(4, 5)

마지막 값은 상관이 없다. 이 구조체에서 현재 중간 지점을 k 로 선택했다면, k 로 선택된 지점에서 다른 곳으로 갈 수 있는 정보들은 이 구조체를 참조할 수 있다. 만일 현재 k 지점이 3 이라면 아래 그림처럼 2 개의 정보만 이용하여 바꿀 수 있다. 더구나, 다른 지점에서 가는 정보는 1 개 씩만 있으니 속도를 더 높일 수있다.

(1, 2)

(2, 4)

(3, 5)

(3, 1)

(4, 5)

동적 계획법의 알고리즘을 수정하는데, k 점을 나타내는 시작 포인터와 끝 포인터를 start, end 라고 하자 이 정보 내에서만 수정되면 된다. 따라서 다음과 같이 수정할 수 있다.

```
struct coord
{
  int st, ed; // 시작 지점에서 끝 지점의 번호를 저장
};
coord* pos;

for (k = 1; k <= n; ++k) {
```

```
// start = k 점이 시작점이 되는 정보 중 시작 포인터
// end = k 점이 시작점이 되는 정보 중 끝 포인터

for (pos = start; pos <= end; ++pos) {

    v[pos->ed] = max(v[pos->ed], v[pos->st]+1);

  }
}
```

v 배열은 시작점은 무조건 동일하므로 1 차원 배열로 줄일 수 있다. 현재 목적 지점으로 갈 수 있는 값들 v[pos->end] 를 갱신한다. 어떤 지점에서 시작 지점까지 갈수 있었던 정보 v[pos->st] 에서 다시 목적지로 오게 되므로 1 이 더해진 값 v[pos->st]+1 과 저장된 현재의 경로 v[pos->ed] 중 더 긴 경로를 저장시킨다.

이렇게 저장된 v 경로 중 가장 긴 경로를 갖는 원소의 인덱스가 목적 위치가 된다. 따라서 출력은 다음과 같이 할 수 있다.

cout << "The longest path from " << **제일 처음 입력된 시작 지점** << " has length "
    << **v 배열중 가장 큰 값의 원소** << ", finishing at "
    << **v 배열의 가장 큰 값의 원소의 인덱스** << "." << endl;

구조체와 실제로 들어 있는 정보들로만 갱신해서 동적 계획법을 응용하면 빠른 시간내에 결과를 얻을 수 있다. 코드는 다음과 같다.

```cpp
#include <iostream>
#include <algorithm>

using namespace std;

int main()
{
  int n = 0, st;
  int d[101][101] = {0};
  int t = 1, k, i, j;

  while(1) {
    // 인접 행렬 초기화
    for (i = 1; i <= n; i++) fill(d[i]+1, d[i]+n+1, 0);

    cin >> n;
    if (!n) break;
    cin >> st;

    while (cin >> i >> j) {
      if (!i && !j) break;
      // 단방향 그래프 연결되는 경우 1 로 세팅
      d[i][j] = 1;
    }

    for (k = 1; k <= n; k++) {
```

```
    if (k == st) continue;

  for (i = 1; i <= n; i++) {
    if (i == k) continue;

    for (j = 1; j <= n; j++){
      // 자신 들로 다시 오지 못하므로 그 경우는 체크
      if (j == st) continue;
      if (j == k || i == j) continue;

      // 둘중 하나가 0 인 경우는 갈 수 없는 경우이다.
      if (!d[i][k] || !d[k][j]) continue;

      // 갈 수 있는 거리가 더 먼 경우 갱신
      // Floyd 응용
      if (d[i][k] + d[k][j] > d[i][j])
        d[i][j] = d[i][k] + d[k][j];
    }
  }
}

// 마지막으로 시작점으로 다른 모든 곳으로 가는 거리중
// 가장 먼곳을 찾아서 출력한다.
k = 0;
for (i = 1; i <= n; i++) {
  if (d[st][i] > k) {
```

```
      k = d[st][i];

      j = i;

    }

  }


  cout << "Case " << t << ": The longest path from " << st

      << " has length " << k << ", finishing at " << j << "."

      << endl << endl;

  ++t;

  }


  return 0;

}
```

Chapter 13
D y n a m i c   P r o g r a m m i n g

UVA10192 휴가

　당신은 휴식을 좀 취하고 휴가를 갈 계획이다. 그러나, 몇 개의 도시를 방문할 것인지는 정하지 못했다. 그래서, 부모님께 도움을 요청한다. 어머니께선 "아들아, 파리, 마드리드, 리스보아, 런던 순으로 반드시 방문해야 한단다. 이 순서로 방문하는게 더 재미있단다" 라고 말씀하였다. 그때 아버지께서도 말씀하셨다. "아들아, 여행할 계획이면, 먼저 파리를 가고, 리스보아, 런던, 마드리드 순으로 가거라. 내가 말한대로 하길 바란다."

　현재 당신은 이런 사태를 예상 못했기 때문에 조금 당황스러운 상태다. 아버지 제안에 따르면 어머니가 마음에 상처를 입을까 두렵다. 반대로, 어머니의 제안을 따르면 아버지께서 마음에 상처를 입을지 몰라 두렵다. 두 사람의 제안을 모두 무시하면 둘다 마음에 상처를 입기 때문에 더 나쁠 수 있다.

　그래서, 할 수 있는 최대한 그들의 제안을 모두 포함하려는 결심을 했다. 그래서, "파리-리스보아-런던" 순으로 방문하는 것이 두 사람을 모두 만족시키는 방법임을 알아냈다. 마드리드를 꼭 방문하고 싶더라도, 마드리드는 방문하지 않을 것이라고 말할 수 있다.

　아버지께서 "런던-파리-리스보아-마드리드" 순서를 제안했다면, 두 분의 제안을 만족하는 경우는 "파리-리스보아" 와 "파리-마드리드" 로 2 가지 순서가 존재한다. 만일 이런 경우라면, 당신은 2 개의 도시만 방문해야 한다.

추후에는 이러한 문제가 발생되지 않기를 원한다. 아버지와 어머니의 여행 제안의 도시 개수가 많았다면, 아마 쉽게 좋은 해결책을 찾지는 못할 것이다. 그래서, 좋은 해결책을 찾는 프로그램을 작성할 결심을 하였다. 대문자, 소문자, 숫자, 공백 중의 한 문자로 각 도시를 표현할 것이다. 도시는 최대 63 개까지 방문하는 것으로 한다. 도시는 한번 이상 방문하는 것도 가능하다.

파리를 'a', 마드리드는 'b', 리스보아는 'c', 런던은 'd' 로 표현한다면, 어머니의 제안은 "abcd" 가 될 것이며, 아버지의 제안은 "acdb" 가 될 것이다. 두 번째 예제대로 하면 아버지의 제안은 "dacb" 가 될 것이다.
프로그램은 두 가지의 여행 순서를 읽어 들여서, 두 부모가 만족하는 최대 여행 순서를 출력해야 한다.

입력

입력은 도시 순서가 쌍으로 여러 개 입력된다. 입력의 끝은 첫 번째 순서의 도서 데이터에 "#" 문자로 표시한다. "#" 에 대해서는 처리할 필요 없다. 여행 순서는 한 줄에 하나씩 입력되며, 위에서 정의한 문자 규칙대로 구성된다. 모든 여행 순서는 최대 100 개 도시 정보를 가질 수 있다.

출력

각 순서 쌍에 대해서, 다음 형식의 문장을 한 줄로 출력해야 한다.

Case #d: you can visit at most K cities.

d 는 1 부터 시작되는 각 도시 순서쌍의 번호이며, K 는 어머니와 아버지의 제안을 만족시킬 수 있는 최대 도시 개수를 나타낸다.

입력 예제

abcd

acdb

abcd

dacb

#

출력 예제

Case #1: you can visit at most 3 cities.

Case #2: you can visit at most 2 cities.

메모장

풀이

이 문제는 순열 중에 동일한 순서를 가장 많이 갖는 최장 길이를 구하는 문제로 해석할 수 있다. 공통 문자가 가장 긴 집합을 구하는 것으로 A = {a, b, c, d} 와 B = {a, c, d, b} 중 순서가 같은 최장 길이를 구하는 문제로 생각할 수 있다.

동적 계획표를 활용해보자. 우선, 입력 예제의 첫 번째 입력을 사용해보자. 문자 집합에 대해서 2 차원 표로 만들면 다음과 같아진다.

		a	b	c	d
	0	0	0	0	0
a	0				
c	0				
d	0				
b	0				

위 표를 Arr 배열이라고 하자. 위표를 이용하여 현재 까지의 최대 문자 길이를 저장할 것이다. 문자열이 없는 경우 다른 집합과는 공유되는 문자가 없으므로 모두 0 이 된다. 따라서 위와 같이 0 으로 초기화된다.

		a	b	c	d
	0	0	0	0	0
a	0	**1**			
c	0				
d	0				
b	0				

만일 같은 원소를 갖는 경우 자신의 인덱스가 Arr[i][j] 이면, Arr[i-1][j-1] 의 값에 1 을 더한다. 위의 경우는 최초로 A 집합의 첫 번째 원소와 B 집합의 첫 번째 원소가 둘다 'a' 로서 같아진다. 자신의 인덱스가 같아 졌을 경우 이전 까지의 문자의

최장길이에 현재 길이가 더해진다. 따라서, A 의 부분집합 = {}, B 의 부분집합 = {} 두
집합의 최장 길이 0 에 1 이 더해지는 것이다. 코드로 하면 다음과 같다.

```
if (A[j] == B[i]) Arr[i][j] = Arr[i-1][j-1]+1;
```

다음 원소를 처리해보자.

		a	b	c	d
	0	0	**0**	0	0
a	0	**1**	**1**		
c	0				
d	0				
b	0				

A 집합의 두 번째 원소 'b' 와 B 집합의 첫 번째 원소 'a' 는 서로 같지 않다. 따라서,
이전 해에서 최장길이가 늘어나지 않는다.

A 의 부분집합 = {'a', 'b'} 와 B 의 부분집합 = {} 의 최장 길이
A 의 부분집합 = {'a'} 와 B 의 부분집합 = {'a'} 의 최장 길이

위의 두 해중 더 좋은 해를 갖는 길이가 현재의 부분 집합인 {'a', 'b'} 와 {'a'} 의 최장
길이가 된다. 따라서, 공유되는 원소가 없는 경우 위의 해와 왼쪽의 해중 더 큰해를
저장하면 된다. 코드로 하면 다음과 같다.

```
if (A[j] != B[i]) Arr[i][j] = max(Arr[i-1][j], Arr[i][j-1]);
```

두 가지 경우를 일반화하면 다음과 같다.

if (A[j] == B[i]) Arr[i][j] = Arr[i−1][j−1]+1;

else Arr[i][j] = max(Arr[i−1][j], Arr[i][j−1]);

일반화된 알고리즘을 이용해서 전체를 세팅해보자.

		a	b	c	d
	0	0	0	0	0
a	0	1	1	1	1
c	0	1	1	2	2
d	0	1	1	2	3
b	0	1	2	2	**3**

위 표와 같이 설정된다. 파란색 값이 최종적인 최대 공통 원소 개수가 된다. 따라서, 마지막에 저장된 값을 출력하면 되겠다. 코드는 다음과 같다.

```cpp
#include <iostream>
#include <algorithm>
#include <string>

using namespace std;

int main()
{
  string a, b;

  int res[102][102];
  int sa, sb, i, j, cs = 0, mx;
```

```
while(1) {

  getline(cin, a);

  if (a[0] == '#') break;

  getline(cin, b);


  sa = a.length();

  sb = b.length();

  for (i = 0; i <= sb; ++i) res[i][0] = 0;

  fill(res[0], res[0]+sa+1, 0);


  for (i = 0; i < sb; ++i) {

    for (j = 0; j < sa; ++j) {

      // 두 문자가 같으면 대각선에서 1을 더해서 저장

      if (b[i] == a[j]) res[i+1][j+1] = res[i][j]+1;

      // 같지 않으면 왼쪽과 위쪽의 값 중 더 좋은 값 저장

      else res[i+1][j+1] = max(res[i+1][j], res[i][j+1]);

    }

  }


  cout << "Case #" << ++cs << ": you can visit at most "

      << res[sb][sa] << " cities." << endl;

}


return 0;

}
```

Chapter 14
D y n a m i c   P r o g r a m m i n g

UVA674 동전 교환

50 원, 25 원, 10 원, 5 원, 1 원으로 5 종류의 동전이 있다고 생각해보자. 주어진 돈을 이 동전들 사용해 교환하길 원한다.

예를 들어, 11 원은 10 원 1 개 + 1 원 1 개, 5 원 2 개 + 1 원 1 개, 5 원 1 개 + 1 원 6 개, 1 원 11 개 로 교환할 수 있다. 따라서, 위 종류의 돈으로 11 원을 만드는 방법은 4 가지가 존재한다. 0 원은 교환 방법은 한가지만 존재하는 것으로 정의한다.

어떤 금액이 주어지면 해당 금액을 교환할 수 있는 전체 개수를 구하는 프로그램을 작성하여라. 금액은 최대 7489 원 까지 입력된다.

입력
입력은 금액을 나타내는 정수가 한 줄씩 입력된다.

출력
각 줄마다 입력된 정수에 대해서 다섯 종류의 동전으로 교환할 수 있는 전체 방법 수를 한 줄에 하나씩 출력한다.

입력 예제

```
11
26
```

출력 예제

```
4
13
```

풀이

이 문제는 가장 기본적인 동전 교환(CC)로 풀리는 문제이다. 다시 한번 설명하면 다음과 같다.

문제에서는 50, 25, 10, 5, 1 센트로 주어진 돈을 구성하는 개수를 알아내야 한다.

동적 계차식 만들기

구성할 수 있는 돈을 현재 주어진 돈을 기준으로 쪼개보면 쉽게 계차식을 유도할 수 있다.

구해야할 금액이 10 센트일 때, 5 센트가 사용되면 5 센트를 뺀 5 센트를 다른 동전으로 구할 수 있는 가지수가 5 센트가 사용될 때의 가지수가 된다. 즉, 5 센트를 구성하는 방법인 5 센트 * 1, 1 센트 * 5 으로 2 가지가 존재할 때, 10 센트를 구할 때 5 센트가 사용되면 10-5 인 5 센트를 구하는 방법 개수인 2 개와 같아진다.

따라서, 주어진 금액에 현재 동전이 쓰일 수 있다면, 현재 동전을 뺀 나머지 금액을 구성하는 개수를 이용하면 된다. 따라서, 낮은 금액을 구성하는 가지수가 이미 저장되어 있다면 저장된 값을 그대로 사용할 수 있다는 의미이다.

count[구할 금액] += count[구할 금액 - 현재 동전 금액];

즉, 위와 같이 이전에 저장된 금액을 구성하는 개수가 더해진다. 이때, 동전은 큰 동전부터 낮은 동전 순으로 검사해가도록 한다.

0 을 구성할 수 있는 개수를 1 로 초기화해둔다. 다른 동전으로 최소한 자신의 금액을 구성하는 개수는 1 이므로 계산을 위해서 초기화하는 것이다. 예를 들어, 5 센트로 5

센트를 구성할 수 있는 방법은 이전까지 계산된 동전의 개수가 1로 세팅되어 있다면 결론적으로 1이 되기 때문에, 0을 구성하는 개수를 1로 초기화해두는 것이다.

동전 집합을 cost[5] = {50, 25, 10, 5, 1}로 초기화할 수 있다. 사용된 개수를 저장할 배열을 구할 금액 크기+1개로 생성한다.

```
int *count = new int[money+1];
memset(count, 0, sizeof(int)*(money+1));
```

모든 개수를 0으로 초기화 한다. 이전에 설명처럼 0을 구성하는 개수는 1로 초기화해준다.

```
count[0] = 1;
```

전체를 구하는 코드는 다음과 같다.

```
for(k = 0; k < 5; k++) {
  c = cost[k];
  for(i = cost[k]; i <= money; ++i) count[i] += count[i-cost[k]];
}
```

```
cout << count[money] << endl;
```

위 코드와 같이, 실제 개수를 구할때는 큰 금액부터 낮은 금액으로 작아지면서 처리된다. 개수는 현재 구할 금액 − 현재 동전 금액을 뺀 개수를 이용하고 있다. 코드는 다음과 같다.

```
#include <iostream>
#include <algorithm>

using namespace std;

int main()
{
  int d[7490], n, i, j;
  int coin[4] = {5, 10, 25, 50};

  fill(d, d+7490, 1);
  for (i = 0; i < 4; i++) {
    for (j = coin[i]; j < 7490; ++j) d[j] += d[j-coin[i]];
  }

  while (cin >> n) cout << d[n] << endl;

  return 0;
}
```

Chapter 15
Dynamic Programming

UVA497 방위 전략 구상

"사령관님! 사령관님! 제발 일어나세요. 사령관님!"

"... 음. 지금이 몇 시지?"

"아침 4 시 7 분입니다, 사령관님. 방금 주파수 변환기에서 사령관 께서만 알아볼 수 있는 비상 사태 Z 급의 다음과 같은 메시지가 도착했습니다."

마지 못해 편지를 받아서, 졸린 눈을 비비며, 머리속으로는 변환기의 종이가 떨어졌기를 바라면서, 읽기 시작했다.

"친애하는 스타워즈 SDI 사령관 보시오, 안 좋은 소식이오, 친구. 미친 보리스가 어젯밤 보드카를 조금 많이 마셨네, 그가 아침에 깼을 때, 알람 시계를 끄는 버튼을 누르는 대신, 핵 미사일 발사 버튼을 눌러 버렸다네. 미사일이 투하되는 지점 순서대로 정렬된 높이 도표가 우리 모두에게 전달되었네. 그것들을 차단해야 하네. 친구. 행운을 비네. 방위국 장관.

P.S. 힐리와 빌이 인사 전해 달라네."

더욱 더 나쁜 상황은, SDI 가 예산이 끊겨서 사고로 인한 결함을 갖고 있다는 점이다. SDI 가 목적물을 차단하기 위해 미사일을 발살했을 때, 미사일들은 이전의 미사일 보다 더 높게 발사해야만 한다는 점이다. 다시 말해서, 하나의 목적물을 마쳤을 때, 다음에 맞출 목적물은 현재 맞춘 목적물보다 더 높은 위치로 날아오고 있는 미사일들만 대상이 된다는 것이다.

예를 들어, 미사일이 발사된 순서대로 1, 6, 2, 3, 5 의 높이로 각각 발사가 되었다면, 처음 2 개를 차단하려는 시도를 할 수 있다. 그러나, 두 번째 미사일 이후에 6 보다 낮은 높이의 미사일 2, 3, 5 는 차단할 수 없다. 가능한 많은 미사일을 차단시켜야 한다. 그래서, 결함이 있는 SDI 프로그램이 미사일을 차단할 수 있도록 최대한 많은 미사일을 차단할 수 있는 순서를 알아내는 프로그램을 작성해야 한다.

러시아의 전쟁 전술은 상당히 이상하다. 러시아 장관은 수학적인 조준에 집착하는 사람이다. 러시아의 미사일은 위에서 제시한 문제에 대해 항상 하나의 해답 순서에 따라 발사할 것이다.

입력

입력은 테스트 데이터 개수가 먼저 한 줄 입력되고, 다음 줄에는 빈 줄이 하나 입력된다.

각 테스트 데이터는 높이를 나타내는 정수가 한 줄에 하나씩 발사된 순서대로 입력된다.

출력

차단할 수 있는 미사일의 최대 개수를 먼저 한 줄 출력하고, 다음 줄부터는 차단하는 미사일을 순서대로 한 줄에 하나씩 높이를 출력한다.

테스트 데이터간에 한 줄씩 빈 줄을 삽입한다.

입력 예제

```
1

1
6
2
3
5
```

출력 예제

```
Max hits: 4
1
2
3
5
```

풀이

이 문제는 단순한 동적 계획법으로 해결할 수 있다. 이전에 발사된 미사일 중 격추한 미사일 개수가 제일 많은 것을 선택하면 되겠다. 일단, 입력 예제를 사용해보자.

1 6 2 3 5

입력된 높이대로 미사일이 발사되면, 이전 미사일을 격추한 이후에 더 높이 날라오는 미사일만 다시 격추할 수 있다. 따라서, 이전에 미사일의 높이가 현재 미사일보다 높은 곳에 있다면, 미사일을 격추할 수 없다.

일단 1 차원 배열로 처리할 수 있다. 맞춘 미사일들을 모두 출력해야 하므로 이전 미사일의 인덱스를 기록하기 위한 배열을 하나더 사용하도록 한다.

1	6	2	3	5
0				
1				

위 표에서 첫 번째 줄은 미사일의 높이이며, 두 번째 줄은 이전 미사일의 인덱스이다. 세 번째 줄은 현재 미사일을 포함해서 격추한 최대 개수를 저장한다. 이제 두 번째 미사일을 처리해보자.

1	**6**	2	3	5
0	1			
1	2			

두 번째 미사일 이전의 미사일 중 두 번째 미사일보다 높이가 낮은 미사일을 대상으로 조사한다. 이들 중 개수가 가장 많은 미사일을 찾는다. 여기서는 첫 번째 미사일에 해당한다. 첫 번째 미사일까지 잡은 최대 개수가 1 이므로 1 을 더해서 저장하면 두

번째 미사일까지 최대 격추하는 미사일은 2개가 된다. 또한, 최대 격추값을 얻는 두 번째 미사일 이전 미사일은 1이 된다. 이제 세 번째 미사일을 고려해보자.

1	6	**2**	3	5
0	1	1		
1	2	2		

세 번째 이전의 마시일 중에서, 세 번째 미사일 높이 2 보다 낮은 이전 미사일 중 격추 개수가 가장 많은 것은 첫 번째 미사일이다. 따라서, 첫 번째 미사일의 격추한 개수 + 1로 격추한 개수를 저장하고, 인덱스는 1번이 저장된다. 네 번째 미사일을 고려해보자.

1	6	**2**	**3**	5
0	1	1	3	
1	2	2	3	

네 번째 미사일 보다 낮은 높이의 미사일은 첫 번째와 세 번째 미사일이다. 이들 중 격추 개수가 많은 것은 세 번째 미사일이다. 따라서, 이 개수 + 1 로 격추 개수를 저장하고, 사용된 격추 개수의 인덱스 3 을 저장한다. 사용된 미사일이 세 번째 미사일이므로 3 이다. 마지막 미사일을 처리해보자.

1	6	**2**	**3**	**5**
0	1	1	3	4
1	2	2	3	4

마지막 미사일도 이전 미사일 중에서 높이가 낮은 미사일을 대상으로 격추개수가 가장 많은 네 번째 미사일의 값을 사용해 저장하면, 격추 개수는 5 가 되며, 최대 격추 개수를 갱신하는 이전 미사일 인덱스는 4 가 된다. 이렇게 갱신되면 동적 계획표가 완성된다.

이때, 가장 많이 격추한 개수는 격추 개수중 최대 값이 된다. 따라서, 다음과 같이 출력한다.

Max hits: 4

다음으로는 이 격추 개수를 만들어낸 미사일의 번호들을 유추해내야 한다.

1	6	2	3	5
0	1	**1**	**3**	**4**
1	2	2	3	**4**

최대 격추 개수의 미사일 높이를 출력하면 5 가 된다. 이때, 이전 미사일의 인덱스는 4 이다.

5

4 번 인덱스의 미사일 높이는 3 이다. 4 번 인덱스 이전에 미사일 인덱스는 3 이다.

5 3

3 번 인덱스의 미사일 높이는 2 이다. 3 번 인덱스 이전에 미사일 인덱스는 1 이다.

5 3 2

1 번 인덱스의 미사일 높이는 1 이다. 1 번 인덱스 이전에 미사일 인덱스는 0 이다. 0 번 미사일은 존재하지 않으므로, 멈추게 된다.

5 3 2 1

실제 출력에서는 위 순서를 반대로 출력하면 되겠다. 코드는 다음과 같다.

```cpp
#include<iostream>
#include<string>
#include<cstdlib>

using namespace std;

int mx, mxj, d[1005], p[1005], n;

int LIS()
{
  int length[1005];
  int i,j;

  mx = 1;
  mxj = 0;
  // 초기화
  fill(p, p+n, -1);
  fill(length, length+n, 1);

  for (i = 0; i < n-1; i++) {
    for (j =i+1; j < n; j++) {
```

```
      if (d[j] > d[i] && length[i] >= length[j]) {
        length[j] = length[i]+1;
        if (length[j] > mx){
          mx = length[j];
          mxj = j;
        }
        p[j] = i;
      }
    }
  }
  return mx;
}
void path(int current)
{
  if (current < 0) return;
  path(p[current]);
  cout << d[current] << endl;
}

int main()
{
  int cases, count;
  string temp;

  cin >> cases;
  getline(cin, temp);
```

```
getline(cin, temp);
for (count = 0; count < cases; count++) {
  if (count) cout << endl;
  n = 0;
  while (1) {
    getline(cin, temp);
    if (cin.eof()) break;
    if (temp == "") break;
    d[n++] = atoi(temp.c_str());
  }

  fill(p, p+1005, 0);
  cout << "Max hits: " << LIS() << endl;
  path(mxj);
}
return 0;
}
```

Chapter 16
D y n a m i c   P r o g r a m m i n g

UVA531 협상

몇 달안에 유로 통합화는 현실이 될 것이다. 그러나, 유로화에 가입하기 위해서는 마스트리히트 조약의 공통 조건을 완전히 만족해야 한다. 국가들 간의 조건을 공통화하는 작업은 결코 쉬운 작업이 아니다. 독일이 조건을 모두 만족하기 위해서는, 우리 정부는 공통화를 위해 어떤 조건을 선택해야 하는지가 어려운 문제이기 때문에 높은 세금 부과, 주식 매도, 금값 재 평가 등의 굉장히 많은 조건들을 가지고 협상에 임한다.

독일 정부는 다음 작업을 위한 프로그램을 요구한다.

두 정치가는 각자 해야할 일의 목적을 전달 받는다. 컴퓨터는 두 목적에서 발생되는 단어 중에 상대적인 순서가 유지되는 가장긴 공통 단어를 출력한다. 이것은 공정한 협상이다. 결국, 공통 단어가 두 정치인의 수긍하는 것들이다.

당신의 나라는 이 프로그램이 필요하므로, 당신이 할 일은 이 프로그램을 작성하는 것이다.

입력

입력 파일은 여러가지 테스트 데이터를 포함한다.

각 테스트 데이터는 두 개의 텍스트로 구성된다. 각 텍스트는 마침표, 쉼표 등의 구두점이 없이 공백으로만 구분된 소문자 단어들의 나열로 구성된다. 단어들은 30 문자

이하로 구성된다. 두 텍스트 모두 100 개 미만의 단어로 구성될 것이며, 텍스트는 '#' 한 줄로 끝난다.

입력은 EOF 로 종료된다.

출력

각각의 테스트 데이터에 대해서, 두 텍스트 간에 존재하는 가장 긴 공통 단어를 출력하여라. 길이가 같은 결과가 여러 개라면, 하나만 출력하여라. 단어 사이에는 공백 하나로 구분하여라. 마지막 단어 다음에는 개행 문자를 삽입하여라.

입력 예제

```
die einkommen der landwirte
sind fuer die abgeordneten ein buch mit sieben siegeln
um dem abzuhelfen
muessen dringend alle subventionsgesetze verbessert werden
#
die steuern auf vermoegen und einkommen
sollten nach meinung der abgeordneten
nachdruecklich erhoben werden
dazu muessen die kontrollbefugnisse der finanzbehoerden
dringend verbessert werden
#
```

출력 예제

die einkommen der abgeordneten muessen dringend verbessert werden

메모장

풀이

이 문제는 상대 순서를 유지하는 가장 긴 공통 원소를 구하는 문제로 볼 수 있다. 따라서, 동적 계획법을 적용할 수 있다. 이 문제는 최장 공통 원소의 개수를 출력한다면 1 차원 배열로 구현 가능하겠지만, 최장 길이를 만드는 원소들을 출력해야 하므로 2 차원 배열로 구현해야 한다.

동적 계획표 생성하기

입력 예제는 문자열이 원소이다. 설명을 용이하도록 소문자들이 원소인 경우로 바꾸어 생각해보자.

a b c d b e f e g
#
b f d a c d f g e
#

위와 같이 두 문자열 집합의 최장 공통 원소를 찾는다고 생각해보자.

		a	b	c	d	b	e	f	e	g
	0	0	0	0	0	0	0	0	0	0
b										
f										
d										
a										
c										
d										
f										
g										
e										

위 표에서 첫 번째 열은 첫 번째 집합의 원소들이며, 가장 왼쪽의 첫 번째 행에는 두 번째 집합의 원소들이다. 두 번째 집합의 원소를 하나도 선택하지 않은 상황에서 첫 번째 원소와의 길이를 구하면 모두 0 이다. 따라서, 위와 같이 두 번째 열의 값이 모두 0 으로 초기화 되었다.

		a	**b**	c	d	**b**	e	f	e	g
	0	**0**	0	0	**0**	0	0	0	0
b	[0, 1]	[0, 1]	**[1, 2]**	[1, 1]	[1, 1]	**[1, 2]**	[1, 1]	[1, 1]	[1, 1]	[1, 1]
f										
d										
a										
c										
d										
f										
g										
e										

위 표에서 두 번째 집합의 첫 번째 원소 b 에 대하여 검색한다. 첫 번째 열은 원소와 비교해서 같은 곳이 있을 경우, 그때의 인덱스가 a[i][j] 라면 첫 번째 집합의 원소와 두 번째 집합의 원소가 나오기 이전의 결과 a[i-1][j-1] 에 1 을 더해준다. 즉 위에서는 a[1][2] 에 해당하는 곳에서 두 집합의 원소가 같다. 이때, a[0][1] 에 저장된 값 0 에 1 을 더해준다. 위 표에서 빨간색 표시의 값이 이용되는 값이며, 파란색 굵은 표시의 값이 같은 원소가 발생했을때 값을 저장해준다.

a[i][j] = a[i-1][j-1]+1;

저장시 "[최장 길이, 방향]" 형태로 저장한다. 물론, 설명의 편의를 위해서 이렇게 저장한다. 실제로 코딩시에는 최장길이를 저장할 2 차원 배열과 방향을 저장할 2 차원 배열 2 개로 처리하면 되겠다. 방향에서 1 은 왼쪽[i][j-1]의 값이 큰 경우, 2 는 왼쪽

위[i-1][j-1]의 값으로 해당 원소가 동일한 경우, 3 은 위쪽[i-1][j] 값이 큰 경우 해당 방향의 값으로 저장한다. 코드로 하면 다음과 같다.

```
if (a[i][j-1] > a[i-1][j]) a[i][j] = a[i][j-1];
else a[i][j] = a[i-1][j];
```

만일 두 집합의 원소가 같지 않은 경우는 왼쪽과 위쪽 결과 중 더 큰 값을 저장해준다. 위의 표에서 a[1][3] 의 경우 두 집합의 원소가 같지 않은 경우이다. 왼쪽의 값 a[1][2] 와 위쪽의 값 a[0][3] 중 더 큰 값을 저장한다. 위의 예에서는 왼쪽 값이 더 크므로 그 값을 저장해주고, 방향은 1 이 된다.

		a	b	c	d	b	e	**f**	e	g
	0	0	0	0	0	0	0	0	0	0
b	[0, 1]	[0, 1]	[1, 2]	[1, 1]	[1, 1]	[1, 2]	**[1, 1]**	[1, 1]	[1, 1]	[1, 1]
f	[0, 1]	[0, 1]	[1, 3]	[1, 1]	[1, 1]	[1, 1]	[1, 1]	**[2, 2]**	[2, 1]	[2, 1]
d										
a										
c										
d										
f										
g										
e										

두 번째 집합의 두 번째 원소를 처리하면 같은 원소일 때는 위와 같이 굵은 글자의 코드 부분이다. 역시, 왼쪽 위 인덱스의 값에서 1 을 더해 저장한다. 이제 모든 원소에 대해서 처리하면 다음과 같아진다.

		a	b	c	d	b	e	f	e	g
	0	0	0	0	0	0	0	0	0	0
b	[0, 1]	[0, 1]	[1, 2]	[1, 1]	[1, 1]	[1, 2]	[1, 1]	[1, 1]	[1, 1]	[1, 1]
f	[0, 1]	[0, 1]	[1, 3]	[1, 1]	[1, 1]	[1, 1]	[1, 1]	[2, 2]	[2, 1]	[2, 1]
d	[0, **1**]	[0, 1]	[1, 3]	[1, 1]	[2, 2]	[2, 1]	[2, 1]	[2, 1]	[2, 1]	[2, 1]
a	[0, 1]	[1, **2**]	[1, **1**]	[1, 1]	[2, 3]	[2, 1]	[2, 1]	[2, 1]	[2, 1]	[2, 1]
c	[0, 1]	[1, 3]	[1, 1]	[2, **2**]	[2, 1]	[2, 1]	[2, 1]	[2, 1]	[2, 1]	[2, 1]
d	[0, 1]	[1, 3]	[1, 1]	[2, 3]	[3, **2**]	[3, **1**]	[3, **1**]	[3, 1]	[3, 1]	[3, 1]
f	[0, 1]	[1, 3]	[1, 1]	[2, 3]	[3, 3]	[3, 1]	[3, 1]	[4, **2**]	[4, 1]	[4, 1]
g	[0, 1]	[1, 3]	[1, 1]	[2, 3]	[3, 3]	[3, 1]	[3, 1]	[4, **3**]	[4, 1]	[5, 2]
e	[0, 1]	[1, 3]	[1, 1]	[2, 3]	[3, 3]	[3, 1]	[4, 2]	[4, 1]	[5. **2**]	[5, **1**]

위와 같이 전체가 갱신된다. 이제 방향을 이용하여 최장 공통 원소를 구한다. 방향이 1
이면 왼쪽으로, 3 이면 위쪽, 2 이면 해당 원소를 결과에 더하고 왼쪽 위로 이동한다.
마지막 원소가 [5, 1] 이므로 왼쪽으로 이동한다. 이동된 곳의 값은 [5, 2] 로 최초로
동일한 원소가 나왔으므로, 결과에 저장한다.

"e"

위 표와 같이 굵은 글자의 코드에서는 1 이면 왼쪽, 3 이면 위쪽으로 이동만하고, 3 인
경우 왼쪽 위로 이동하면서 결과에 거꾸로 저장한다. 따라서 결과는 다음과 같은 공통
원소가 구해진다.

"acdfe"

이와 같은 방법으로 문자대신 문자열 원소로 대입하면 되겠다. 코드는 다음과 같다.

```cpp
#include <iostream>
#include <string>
#include <algorithm>

using namespace std;

string a[105], b[105];
int d[105][105];
char p[105][105];

void path(int an, int bn)
{
  if (p[an][bn] == 2) path(an-1, bn);
  else if (p[an][bn] == 3) path(an, bn-1);
  else if (p[an][bn] == 1) {
    if (d[an][bn] == 1) cout << a[an];
    else {
      path(an-1, bn-1);
      cout << " " << a[an];
    }
  }
}

int main()
{
  int an, bn, i, j;
```

```
while (!cin.eof()) {
  for (i = 0; i < 105; i++) fill(d[i], d[i]+105, 0);


  an = 1;
  cin >> a[an];
  if (cin.eof()) break;
  do {
    cin >> a[++an];
  } while (a[an][0] != '#');


  bn = 0;
  do {
    cin >> b[++bn];
  } while (b[bn][0] != '#');


  --an;
  --bn;


  for (i = 1; i <= an; i++) {
    for (j = 1; j <= bn; j++) {
      if (a[i] == b[j]) {
        d[i][j] = d[i-1][j-1]+1;
        p[i][j] = 1;
      }
      else if (d[i-1][j] > d[i][j-1]) {
```

```
            d[i][j] = d[i-1][j];

            p[i][j]=2;

         }

       else {

         d[i][j] = d[i][j-1];

         p[i][j]=3;

         }

       }

    }
  path(an, bn);

  cout << endl;

 }

 return 0;

}
```

Chapter 17
D y n a m i c   **P** r o g r a m m i n g

UVA10100 최장 문자열 그룹

새로 오픈한 사립 탐정 사무소는 제한된 정보로부터 탐정들의 기밀 정보 전달 방법을 이해하기 위해 노력하고 있는 중이다. 이들은 이 직업이 낯설었기 때문에, 이들의 메시지가 다른 그룹들에 의해서 쉽게 가로채여 질 수도 있고 수정될 수도 있다는 것을 잘 알고 있었다. 메시지의 변경된 부분을 검사해서 다른 그룹이 얼마나 영향을 미쳤는지를 추정하고 싶었다. 우선 그들은 상대그룹이 얼마나 많은 영향을 미쳤는지를 알아야 했다. 즉, 가장 긴 길이로 들어맞는 문자열 그룹을 알아내야 한다. 당신이 그들을 도와야 한다.

입력

입력은 여러가지 테스트 데이터를 포함한다. 각 데이터는 두 줄의 문장으로 구성된다. 빈 줄이나 문자 없이 마침표만 입력이 될 수도 있다. 각 문장은 최대 1000 문자까지 입력된다. 각 단어는 최대 20 개 문자로 이루어진다.

출력

각 테스트 데이터에 대해서, 제일 처음 두 문자 크기의 폭에 데이터 번호를 오른쪽 정렬로 출력한다. 번호를 출력한 뒤에는 출력 예제 처럼 가장 길게 들어 맞는 문자열 그룹 수를 출력해야 한다. 출력 형식은 출력 예제를 참고하도록 하여라. 입력에서 공백이 한 줄 이상 입력 되었다면 "Blank!" 를 출력하여라. 문자 없이 마침표만 입력된 경우는 공백 문자열로 처리해라.

입력 예제

This is a test.

test

Hello!

The document provides late-breaking information

late breaking.

출력 예제

1. Length of longest match: 1
2. Blank!
3. Length of longest match: 2

메모장

풀이

이 문제는 순열 중에 동일한 순서를 가장 많이 갖는 최장 길이를 구하는 문제로 해석할 수 있다. 단지 순열의 원소가 숫자가 아닌 문자열이 되었다는 점만 다른다. 예를 들어, A = {"This", "is", "a", "test", "program", "and", "debug", "program"} 와 B = {"is", "a", "program"} 의 집합으로 표시할 수 있다. 다시 문자 하나로 바꿔보면, A = {a, b, c, d, e, f, g, e} 와 B = {b, c, e} 중 순서가 같은 최장 길이를 구하는 문제로 바꿀 수 있다는 점이다.

동적 계획표를 만들어보자. 이렇게 바꾸어 생각하면, 쉽게 동적 계획법을 이끌어낼 수 있다. 문자 집합에 대해서 2 차원 표로 만들면 다음과 같아진다.

		a	b	c	d	e	f	g	e
	0	0	0	0	0	0	0	0	0
b	0								
c	0								
e	0								

위 표를 Arr 배열이라고 하자. 위표를 이용하여 현재 까지의 최대 문자 길이를 저장할 것이다. 문자열이 없는 경우 다른 집합과는 공유되는 문자가 없으므로 모두 0 이 된다. 따라서 위와 같이 0 으로 초기화된다.

		a	b	c	d	e	f	g	e
	0	0	0	0	0	0	0	0	0
b	0	**0**							
c	0								
e	0								

A 집합의 첫 번째 원소 'a' 와 B 집합의 첫 번째 원소 'b' 는 같지 않으므로, 이전 길이에서 늘어나지 않는다. 따라서, 0 으로 저장된다.

		a	b	c	d	e	f	g	e
	0	**0**	0	0	0	0	0	0	0
b	0	0	**1**						
c	0								
e	0								

만일 같은 원소를 갖는 경우 자신의 인덱스가 Arr[i][j] 이면, Arr[i-1][j-1] 의 값에 1 을 더한다. 위의 경우는 최초로 A 집합의 두 번째 원소와 B 집합의 첫 번째 원소가 둘다 'b' 로서 같아진다. 자신의 인덱스가 같아 졌을 경우 이전 까지의 문자의 최장길이에 현재 길이가 더해진다. 따라서, A 의 부분집합 = {'a'}, B 의 부분집합 = {} 두 집합의 최장 길이에 1 이 더해지는 것이다. 코드로 하면 다음과 같다.

if (A[j] == B[i]) Arr[i][j] = Arr[i-1][j-1]+1;

		a	b	c	d	e	f	g	e
	0	0	0	**0**	0	0	0	0	0
b	0	0	**1**	**1**	1	1	1	1	1
c	0								
e	0								

그 다음으로 A 집합의 세 번째 원소 'c' 와 B 집합의 첫 번째 원소 'b' 는 서로 같지 않다. 따라서, 이전 해에서 최장길이가 늘어나지 않는다.

A 의 부분집합 = {'a', 'b', 'c'} 와 B 의 부분집합 = {} 의 최장 길이

A 의 부분집합 = {'a', 'b'} 와 B 의 부분집합 = {'b'} 의 최장 길이

위의 두 해중 더 좋은 해를 갖는 길이가 현재의 부분 집합인 {'a', 'b'. 'c'} 와 {'b'} 의 최장 길이가 된다. 따라서, 공유되는 원소가 없는 경우 위의 해와 왼쪽의 해중 더 큰해를 저장하면 된다. 코드로 하면 다음과 같다.

```
if (A[j] != B[i]) Arr[i][j] = max(Arr[i-1][j], Arr[i][j-1]);
```

두 가지 경우를 일반화하면 다음과 같다.

```
if (A[j] == B[i]) Arr[i][j] = Arr[i-1][j-1]+1;
else Arr[i][j] = max(Arr[i-1][j], Arr[i][j-1]);
```

일반화된 알고리즘을 이용해서 전체를 세팅해보자.

		a	b	c	d	e	f	g	e
	0	0	0	0	0	0	0	0	0
b	0	0	**1**	1	1	1	1	1	1
c	0	0	1	**2**	2	2	2	2	2
e	0	0	1	2	2	**3**	3	3	**3**

위 표와 같이 설정된다. 파란색 지점들이 두 집합의 원소가 같을 때 갱신되는 지점들이다. A 집합의 원소 개수가 m, B 의 집합의 원소 개수가 n 이면, Arr[n][m] 의 값이 구하고자 하는 최장 길이가 된다.

실제 문제는 원소가 문자열이므로 문자열 처리가 필요하며, 영문자가 아닌 경우 구분해서 저장하는 방법도 필요할 것이다. 소스 코드는 다음과 같다. 코드는 다음과 같다.

```
#include <iostream>
#include <string>
#include <algorithm>
#include <cctype>
#include <vector>
#include <sstream>
#include <iomanip>

using namespace std;

int main()
{
  int i, j, cnt = 0;
  int ans, d[501][501];
  string a, b, t;
  vector<string> va, vb;

  while(1)
  {
    getline(cin, a);
    if (cin.eof()) break;
    getline(cin, b);

    if (a != "" && b != "")  {
      for (i = 0;i < a.length(); i++) {
        if(!isalnum(a[i]))  a[i] = ' ';
```

```
    }

    for (i = 0;i < b.length(); i++) {
      if(!isalnum(b[i]))  b[i] = ' ';
    }

    istringstream in1(a), in2(b);
    va.clear();
    vb.clear();

    while (in1 >> t) va.push_back(t);
    while (in2 >> t) vb.push_back(t);

    for (i = 0;i <= va.size(); i++) {
      fill(d[i], d[i]+vb.size()+1, 0);
    }

    // LCS
    for (i = 1;i <= va.size(); i++) {
      for (j = 1; j <= vb.size(); j++) {
        if (va[i-1] == vb[j-1])
          d[i][j] = d[i-1][j-1]+1;
        else
          d[i][j] = max(d[i-1][j], d[i][j-1]);
      }
    }
```

```
    ans = 0;
    for (i = 0, ans = 0; i <= va.size();i++)
      for (j = 0; j <= vb.size(); j++)
        if (d[i][j] > ans) ans = d[i][j];


    cout << setw(2) << ++cnt << ". Length of longest match: "
        << ans << endl;
  }
  else cout << setw(2) << ++cnt << ". Blank!" << endl;
  }
}
```

Chapter 18
Dynamic Programming

UVA10261 나룻배에 차 싣기

다리가 없던 옛날에는 나룻배를 이용하여 차들을 강 건너로 운반하였습니다. 강의 나룻배들은 큰 나룻배와 달리 조류의 힘으로 동작하고 뱃길을 따라 운행하였지요. 두 줄로 늘어선 차들이 한쪽 끝에서 나룻배로 들어가면 나룻배는 강을 건너고, 건넌 뒤에는 나룻배 반대쪽 끝에서 차들이 나오도록 하였습니다.

한 줄로 나룻배에 승선하기 위해 기다리는 차들이 있으면, 안내하는 사람은 짐의 균형을 맞추기 위해 나룻배의 오른쪽이나 왼쪽으로 차들의 방향을 잡아 운전하도록 지시합니다. 줄지어있는 각 차들은 안내하는 사람이 열을 조사하여 차의 서로 다른 길이를 추정해봅니다. 이 추정된 길이를 기반으로 하여 안내하는 사람은 어느 쪽으로 승선할지 결정하고 차들이 가능한 한 많이 승선하도록 했습니다. 자! 이제 문제입니다. 여러분들은 차량의 승선 숫자를 최대화하기 위해 어느 쪽으로 차를 싣을 것인지 안내하는 프로그램을 해야 합니다.

입력

입력은 처리할 테스트 데이터 개수가 먼저 입력된다. 그 다음 한 줄의 빈 줄이 입력된 이후, 입력된 테스트 데이터 개수만큼 데이터가 입력되며, 각 테스트 데이터 간에는 빈 줄 한 줄이 삽입된다.

테스트 데이터의 첫 번째 줄은 1과 100 사이의 정수로 배의 길이를 나타내고 단위는 미터(meter)입니다. 두 번째 줄부터는 줄지어 서있는 각 차의 길이를 나타냅니다.

이것은 단위가 센티미터로 100 에서 3000 사이의 정수형입니다. 입력의 마지막 줄은 정수 0 입니다. 차들은 순서대로 나룻배에 실려야만 하는데 한 줄의 전체길이가 배의 길이를 초과하면 안됩니다. 이와 같은 제한 하에서 가능한 한 많은 차들을 배에 실어야 합니다. 줄지어 서 있는 첫 번째 차를 시작으로 더이상 실을 수 없을 때까지 싣습니다.

출력

각 테스트 데이터마다 다음의 형식으로 출력해야 한다. 각 테스트 데이터 사이에는 빈 줄 한 줄씩 삽입하도록 한다.

출력의 첫 줄은 배에 실릴 수 있는 차의 대수가 입력된다. 입력되는 차의 순서대로 배에 실릴 수 있는 방향을 출력한다. 만약, 차가 좌측 방향으로 가야 한다면 "port", 우측방향으로 가야 한다면 "starboard" 를 출력하도록 한다. 만약 솔루션이 여러가지 라면 어느 것을 출력해도 된다.

입력 예제

```
800
0
```

출력 예제

```
6
port
starboard
starboard
starboard
port
port
```

메모장

풀이

이 문제의 솔루션은 CC(Coin Change: 동전 교환) 해법과 비슷하다. 이전 상태를 확장해가면서 해답을 구해야 한다.

배에 차를 실을 때 부두에 붙어 있는 쪽(Port)인 좌측과 부두에서 먼쪽(Starboard)인 우측으로 구분하여 실어야 한다. 배의 내부를 사각형으로 표현해보자.

왼쪽: Port

오른쪽: Starboard

위 사각형 박스는 배의 내부를 표현한 것이다. 위쪽을 왼쪽, 아래쪽을 오른쪽이라고 하자. 실제로는 세로로 표현하여 왼쪽과 오른쪽으로 제대로 표현해야 하는데, 그림이 길어서 공간이 낭비되어 가로로 표현하였다.

이제 차를 하나 실어 보자. 우리는 모든 가능한 경우를 다 살펴 볼 것이다. 단 하나의 차만 실으면 위에 싣는 경우와 아래에 싣는 경우로 나뉘어 진다.

실제로 값을 배열에 저장할 때는 오른쪽과 왼쪽을 모두 저장할 필요없이 한 쪽의 정보만 저장하여 표현할 수 있다.

a	0	1	2	3	4	5	6	7	8	9	10	11	12	13	14
0	**0**	-1	-1	-1	-1	-1	-1	-1	-1	-1	-1	-1	-1	-1	-1

위 배열은 2 차원 배열 형식 중에서 첫 번째 0 번 행만 표현한 것이다. 초기 값으로 모두 −1 을 기록해준다. 그리고, 처음 0 번 열은 0 으로 세팅해준다. CC 에서 0 원을 만들 수 있는 총 가지수가 1 가지로 세팅하듯이, 여기서도 한 쪽에 0 길이로 만들 수 있으므로 0 으로 세팅해준다.

다음으로 이전 그림과 같이 차량 한대를 왼쪽에 놓는 경우와 오른쪽에 놓는 경우로 확장해보자. 이번에 놓는 차의 길이가 3 이라고 가정하자. 먼저, 왼쪽에 놓는 경우로 생각해보자.

a	0	1	2	3	4	5	6	7	8	9	10	11	12	13	14
0	**0**	-1	-1	-1	-1	-1	-1	-1	-1	-1	-1	-1	-1	-1	-1
1	-1	-1	-1	**0**	-1	-1	-1	-1	-1	-1	-1	-1	-1	-1	-1

이번에 세팅하는 1 번 행에 결과를 세팅하도록 한다. 왼쪽에 놓게 되면 이전 행인 0 번 행에서 나올 수 있는 모든 상태에서 차의 길이를 더한 위치에 이전에 나올 수 있는

위치를 저장해준다. 위 표와 같이 −1 이 아닌 값이 현재 0 번 행의 0 번 열에 있으므로, 차의 길이 3 을 더한 1 행 3 열에 값이 있던 위치인 0 을 저장해준다.

다음으로 오른쪽에 놓는 경우를 생각해보자. 오른쪽에 놓는다면 현재 배에 놓인 자동차들의 전체 합에서 왼쪽에 놓인 길이를 빼주면 된다. 왼쪽에 놓일 수 있는 길이는 −1 이 아닌 값으로 세팅된 위치가 바로 왼쪽에 놓이는 길이가 된다. 현재 표에서는 0 번 행에서는 0 밖에 없으므로 왼쪽에 0 이고 전체 자동차의 합이 3 이므로 반대 쪽에 놓이는 길이는 3-0 이므로 3 이 된다. 따라서, 오른쪽에 놓일 수 있는 경우에는 같은 열에 열의 위치를 그대로 저장해주도록 한다.

a	0	1	2	3	4	5	6	7	8	9	10	11	12	13	14
0	0	−1	−1	−1	−1	−1	−1	−1	−1	−1	−1	−1	−1	−1	−1
1	**0**	−1	−1	0	−1	−1	−1	−1	−1	−1	−1	−1	−1	−1	−1

이제 길이가 4 인 다음 자동차를 놓아보자. 놓이는 경우를 따지면 다음과 같다.

우선 왼쪽에 차량이 하나 있는 경우에는 다음 자동차를 역시 왼쪽과 오른쪽으로 배치할 수 있다. 표는 다음과 같이 갱신된다.

a	0	1	2	3	4	5	6	7	8	9	10	11	12	13	14
0	0	-1	-1	-1	-1	-1	-1	-1	-1	-1	-1	-1	-1	-1	-1
1	0	-1	-1	**0**	-1	-1	-1	-1	-1	-1	-1	-1	-1	-1	-1
2	-1	-1	-1	**3**	-1	-1	-1	**3**	-1	-1	-1	-1	-1	-1	-1

왼쪽에 배치하는 경우는 이전 1 행에서 3 열인 곳이 첫 번째 차가 놓인 위치가 된다. 여기서, 위의 첫 번째 그림과 같이 길이가 4 인 두 번째 자동차가 연이어 놓이게 되면 4 가 더해진 2 행 7 열의 값을 −1 에서 이전 행의 위치 값으로 저장해준다. 여기서는, 이전에 놓인 위치(인덱스)가 3 이므로 3 으로 저장한다.

다음으로 현재 상태에서 오른쪽에 배치하는 경우를 살펴보자. 오른쪽에 놓이면 전체 자동차의 합계 7 에서 현재 왼쪽에 놓이는 차의 총 길이를 뺀 값을 구한다. 여기서는 7−3 으로 4 가 된다. 이 길이가 배의 총 길이를 넘지 않으면 넣을 수 있다. 이때, 오른쪽에 들어가는 경우, 왼쪽에는 그대로 자신의 위치의 값을 넣으면 된다. 따라서, 자신의 위치인 3 을 저장하게 된다.

다음으로 1 대가 놓일 수 있는 다른 상태에서, 두 번째 차가 놓일 수 있는 경우는 다음과 같다.

1 대가 오른쪽에 놓인 상황에서 두 번째 차가 왼쪽과 오른쪽에 놓이는 경우이다. 이 경우도 표로 표현해보자.

a	0	1	2	3	4	5	6	7	8	9	10	11	12	13	14
0	0	-1	-1	-1	-1	-1	-1	-1	-1	-1	-1	-1	-1	-1	-1
1	**0**	-1	-1	0	-1	-1	-1	-1	-1	-1	-1	-1	-1	-1	-1
2	**0**	-1	3	**0**	-1	-1	3	-1	-1	-1	-1	-1	-1	-1	-1

표는 왼쪽의 상태만 저장하므로 1 대만 놓인 상태는 0 번 열이 된다. 여기로부터 길이가 4 인 자동차가 왼쪽에 놓이면 4 번 열에 해당 값이 저장된다. 반대로 오른쪽에 놓이게 되면 다시 전체 자동차의 합인 7 이 모두 오른쪽에 놓일 수 있으므로 왼쪽은 길이가 0 으로 기록된다. 따라서, 위와 같이 굵은 숫자로 표현된 곳이 두 번째 자동차가 놓인 정보가 된다.

이와 같이 이전에 놓인 자동차 상태에서 자신의 차가 왼쪽에 놓이는 경우와 오른쪽에 놓이는 경우 배의 길이를 넘지 않으면 표에 기록해주도록 한다. 코드는 다음과 같다.

```
#include <iostream>
#include <algorithm>
```

```cpp
using namespace std;

int ar[201][10001];
int len;

// 왼쪽 port 쪽인지 오른쪽 starboard 쪽인지를 출력
void pr(int i, int & j) {
  if (i == 0) return;
  pr(i-1, ar[i][j]);
  cout << ((j == ar[i][j]) ? "port" : "starboard") << endl;
}

int main()
{
  int i, j, x, y, z, cnt;

  cin >> cnt;

  while (cnt--) {
    cin >> len;
    // 배의 길이를 미터에서 센치미터로 계산
    len *= 100;
    // 전부 -1 로 세팅
    for (i = 0; i <= 200; ++i) fill(ar[i], ar[i]+10001, -1);

    // 처음 0 행 0 열에 0 으로 세팅
```

```
ar[0][0] = 0;
// 전체 자동차의 합계
y = 0;

for (i = 0; i < 200; ++i) {
  cin >> x;
  if(!x) break;
  y += x;
  z = 0;

  for (j = 0; j <= 10000; ++j) {
    if (ar[i][j] >= 0) {
      // 왼쪽인 port 쪽에 넣을 수 있는지 검사
      if (j+x <= len && y-x-j <= len) {
        ar[i+1][j+x] = j;
        z = 1;
      }
      // 오른쪽인 starboard 쪽에 넣을 수 있는지 검사
      if (j <= len && y-j <= len) {
        ar[i+1][j] = j;
        z = 1;
      }
    }
  }
  // 더이상 넣을 수 없으면 빠져 나감
  if(!z) break;
```

```
  }
  // 나머지는 입력 받고 처리하지 않는다.
  while (x) cin >> x;


  // 처리된 행, 즉 마지막 처리된 자동차 번호를 출력한다.
  cout << i << endl;
  // 처리된 자동차가 있는 행에서 자동차가 들어간 첫번째
  // 위치를 찾는다.
  for (j = 0; j <= 10000 && ar[i][j] < 0; ++j);


  // 역추적으로 배가 들어간 방향 출력
  pr(i, j);


  if (cnt > 0) cout << endl;
  }


  return 0;
}
```

Chapter 19

Dynamic Programming

UVA10003 막대 자르기

나무 막대를 여러 조각들로 잘라야만 한다. 가장 적당한 업체인 아날로그 벌목 공업사는 잘라야될 막대의 전체 길이에 따라서 돈을 청구한다. 이들의 작업 절차는 한 시간에 한번만 자를 것을 요구한다.

자르는 순서를 달리하면 다른 조각들이 만들어질 수 있다. 예를 들어, 끝에서 2, 4, 7 미터에서 자를 수 있는 길이 10 미터의 막대기를 생각해보자. 자르는 순서는 몇 가지가 있을 수 있다. 한가지는 먼저 2 에서 자르고 다음은 4 에서 자르고 나머지는 7 에서 자를 수 있다. 이럴 경우 처음 막대는 10 미터였으며, 자른 이후에는 8 미터에서 다음 4 를 잘라야 하며, 마지막 한번 자르려면 6 의 막대에서 자르므로, 10 + 8 +6 = 24 의 돈을 막대 자르는데 지출해야 된다. 또 다른 방법은 먼저 4 에서 자르고, 다음은 2 에서 자르면 4 에서 2 를 자르고, 마지막은 7 에서 자르면 막대 길이 6 짜리에서 자르므로 10 + 4 + 6 = 20 으로 더 싼 가격으로 막대를 자를 수 있다.

사장은 주어진 막대를 자르는데 최소한의 비용이 드는 방법을 찾아내는 컴퓨터를 믿고 있다.

입력

입력은 몇가지 테스트 데이터로 구성된다. 각 테스트 데이터의 첫 번째 줄은 잘라야 할 막대의 길이를 표현하는 정수 L 이 입력된다. L 은 1000 보다 작은 값을 갖는다. 다음 줄에는 잘라야할 막대 개수 n 이 입력된다. n 은 50 보다 작은 양의 정수이다.

그 다음 줄은 잘라야될 지점들이 c_j 가 오름차순으로 n 개 입력된다. c_j의 범위는 0 <
c_j < L 이다.

테스트 데이터 첫 줄에 L 이 0 이 입력되면 입력 종료를 나타낸다.

출력

주어진 막대를 자르는 최소한의 비용을 계산하는 벌목 문제의 최적의 해답을
출력해야만 한다. 출력 형식은 아래 출력 예제를 참고하여라.

입력 예제

```
100
3
25 50 75
10
4
4 5 7 8
0
```

출력 예제

```
The minimum cutting is 200.
The minimum cutting is 22.
```

풀이

우선 입력으로 들어온 길이를 1 차원 배열에 저장할 때, 처음 시작되는 위치인 0 과 마지막 위치에는 길이를 나타내는 값으로 세팅해 준다. 두 번째 입력 예제와 같은 경우 아래와 같이 세팅된다.

0	1	2	3	4	5
0	4	5	7	8	**1 0**

위 배열을 cut 배열이라고 하자. 다음으로 동적 계획표를 세팅해보자. 이 문제는 2 차원 배열을 사용하여 대각선 세팅으로 구할 수 있는 문제이다.

	0	1	2	3	4	5
0	0	**0**				
1		0	**0**			
2			0	**0**		
3				0	**0**	
4					0	**0**
5						0

위 표를 2 차원 배열 d 라고 하자. 이때 d[i][i] 에 해당하는 자신의 위치의 값은 세팅하지 않는다. 위치 하나만 있으면 막대를 구성할 수 없기 때문이다. 다음으로 하나의 막대를 나타내는 i 번째 위치와 i+1 위치의 가격은 0 으로 세팅한다. 위치가 바로 연속으로 이루어지는 경우 막대가 하나인 것으로 자를 필요가 없기 때문에 비용이 들지 않는다.

	0	1	2	3	4	5
0	0	0	**5**			
1		0	0	**3**		
2			0	0	**3**	
3				0	0	**3**
4					0	0

5					0

다음으로 막대 2 개가 되는 경우를 세팅해보자. 즉, d[i][i+2] 의 값을 세팅하는 것이다. 현재는 한 번만 자르면 되므로 d[i][i+2] = cut[i+2]-cut[i] 로 구할 수 있다. 이번에는 d[i][i+3] 에 해당하는 대각선의 값들을 구해보자.

	0	1	2	3	4	5
0	0	0	5	**10**		
1		0	0	3	**7**	
2			0	0	3	**8**
3				0	0	3
4					0	0
5						0

이번에는 d[i][i+3] 의 값을 구해야 한다. 첫 번째 d[0][3] 은 다음과 같이 구할 수 있다.

$$d[0][3] = \min(d[0][1] + d[1][3] + cut[3] - cut[0],$$
$$d[0][2] + d[2][3] + cut[3] - cut[0])$$
$$= \min(0 + 3 + 7 - 0, 5 + 0 + 7 - 0)$$
$$= 10$$

이와 같은 방법으로 표를 전부 세팅하면 다음과 같아진다.

	0	1	2	3	4	5
0	0	0	5	**10**	15	**22**
1		0	0	3	7	12
2			0	0	3	8
3				0	0	3
4					0	0
5						0

마지막으로 d[0][5] 에 저장된 최저의 값을 출력하면 된다. d[i][j] 를 구하는 식을 일반화해보자.

$$d[i][j] = min(d[i][k] + d[k][j] + cut[j] - cut[i]) \quad : i < k < j$$

구현한 코드는 다음과 같다.

```cpp
#include <iostream>

using namespace std;

int main()
{
  int d[52][52];
  int cut[52];
  int len, n, i, j, k;

  while (1) {
    cin >> len;
    if (len==0)  break;

    cin >> n;
    for (i = 1; i <= n; i++) cin >> cut[i];
    // 처음과 마지막 위치 세팅
    cut[0] = 0;
    cut[n+1] = len;
```

```
    for (j = 0; j <= n; j++) d[j][j+1] = 0;


    for (i = 2; i <= n+1; i++) {
      for (j = 0; j <= n-i+1; j++) {
        d[j][j+i] = 9999999;
        for (k = j+1; k < j+i; k++) {
          // 대각선  DP
          if (d[j][k]+d[k][j+i]+cut[j+i]-cut[j] < d[j][j+i])
            d[j][j+i] = d[j][k]+d[k][j+i]+cut[j+i]-cut[j];
        }
      }
    }


    // 마지막 값 출력
    cout << "The minimum cutting is " << d[0][N+1] << '.' << endl;
  }


  return 0;
}
```

Chapter 20
D y n a m i c **P** r o g r a m m i n g

UVA116 무방향 TSP

최소 경로를 요구하는 문제는 컴퓨터 공학의 여러 분야에서 발견된다. 예를 들어, VLSI 절차를 정하는 문제에서 제한점 중의 한가지가 실드선의 길이를 최소화하는 것이다. 외판원의 판매 노선에서 모든 도시를 방문하는 방법을 찾는 외판원 문제(TSP)는 완전-NP 문제의 가장 이상적인 예제 중 하나다. 해답을 구하는 데는 엄청난 시간을 요구되지만, 검사는 매우 간단하다.

이 문제는 왼쪽에서 오른쪽으로 방문하는 동안 점들의 격자를 통해 최소 경로를 찾는 방법을 다룬다.

m×n 크기의 정수 행렬이 주어지면, 최소 가중치를 갖는 경로를 계산하는 프로그램을 작성해야 한다. 경로는 첫 번째 행에서 시작하며, 마지막 행인 n 번 행에서 종료되는 단계들의 순서로 구성된다. 인접한 열의 i 번 행에서 i+1 행으로 수평이나 대각선 방향으로 방문하는 것을 한 단계로 정의한다. 행렬의 첫 번째와 마지막 m 열은 서로 인접한다. 즉, 수평의 원동처럼 행렬을 둥글게 구성된다. 규칙에 따르는 한 단계의 정의는 아래와 같다.

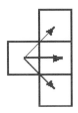

경로의 가중치는 방문된 n 개의 칸의 각각의 정수 합이 된다. 예를 들어, 다음 2 개의 조금 나른 5×6 크기의 행렬을 살펴보자. 차이섬은 마지막 열의 숫자늘이 조금 다르다.

3	4	1	2	8	6
6	1	8	2	7	4
5	9	3	9	9	5
8	4	1	3	2	6
3	7	2	8	6	4

3	4	1	2	8	6
6	1	8	2	7	4
5	9	3	9	9	5
8	4	1	3	2	6
3	7	2	1	2	3

최소 경로는 두 행렬이 각기 다르다. 오른쪽 행렬의 경로는 첫 번째 열과 마지막 열이 붙어있다는 속성을 활용하였다.

입력

입력 파일은 하나 이상의 행렬 정보로 구성된다. 각 행렬 정보는 열과 행의 개수가 한줄로 입력된다. m • n 형태로 m 은 열의 개수이며, n 은 행의 개수를 나타낸다. 다음 줄부터 정수들은 열 우선 순위로 입력된다. 첫 번째 n 개의 정수는 행렬의 첫번째 열의 데이터를 나타내고, 두 번째 n 개의 정수는 두 번째 열의 데이터를 나타낸다. 정수들은 하나 이상의 공백으로 구분된다. 주의: 정수이므로 양수만 입력되는 것은 아니다. 입력은 EOF 로 종료된다.

각 행렬에서, 열의 개수는 1 개에서 10 개 사이의 값을 가지며, 행의 개수는 1 개에서 100 개 사이의 값을 갖는다. 경로의 가중치는 30 비트를 사용하는 값으로 정수 범위를 넘어갈 수도 있다.

출력

입력 파일의 각 행렬에 대해서 두 줄의 결과를 출력한다. 첫 번째 줄에는 최소-가중치의 경로 자체를 표시하고, 두 번째 줄에는 최소 가중치를 출력한다. 경로는 최소 경로를 구성하는 열을 표현하는 n 개의 정수로 구성된다. 경로를 나타내는 n 개의 정수는 하나 이상의 공백으로 구분해야 한다. 최소 가중치의 경로가 두개 이상이면, 사전 순으로 가장 작은 결과를 출력하도록 한다.

입력 예제

```
5 6
3 4 1 2 8 6
6 1 8 2 7 4
5 9 3 9 9 5
8 4 1 3 2 6
```

```
3 7 2 8 6 4
5 6
3 4 1 2 8 6
6 1 8 2 7 4
5 9 3 9 9 5
8 4 1 3 2 6
3 7 2 1 2 3
2 2
9 10 9 10
```

출력 예제

```
1 2 3 4 4 5
16
1 2 1 5 4 5
11
1 1
19
```

풀이

이 문제는 현재 위치에서 생각해보면, 이전 열의 3 가지로 오는 방법 중에서 가장 작은 값을 선택하면 된다. 즉, 다음 그림과 같다.

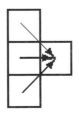

위 그림처럼 3 가지 방향으로 오는 값중에서 가장 작은 값을 저장해주도록 한다. 일반 식으로 표현하면 다음과 같다.

d[i][j] += minimum(d[i-1][j-1], d[i][j-1], d[i+1][j-1]);

i 행 j 열에 저장되는 값은 그 이전열인 j-1 열의 3

위치에서 저장된 합계 중에서 가장 작은 값을 저장해준다. 실제 동적 표를 세팅해보자.

3	7	1	2	8	6
6	1	8	2	7	4
5	9	3	9	9	5
8	4	1	3	2	6
3	7	2	8	6	4

위의 표는 문제의 그림에서 사용된 것으로 첫 번째 입력 예제를 나타낸 d 배열이다. 출력에서 역으로 작은 값을 찾아가기 보다는 현재 열을 뒤집어서 처리하면, 역으로 추적한 후 다시 출력하지 않아도 된다. 따라서, 다음 표와 같이 열을 뒤집도록한다.

6	8	2	1	4	3
4	7	2	8	1	6
5	9	9	3	9	5
6	2	3	1	4	8
4	6	8	2	7	4

우선 한번만 이동 시켜 보자. 1 행 2 열의 값을 세팅해보자. 2 열은 1 열의 값을 이용하게 된다. 첫 번째 행은 위에서 오는 경우가 가장 아래에 있게 된다. 즉, 다음과 같은 값을 이용한다.

6	**1** **2**	2	1	4	3
4	7	2	8	1	6
5	9	9	3	9	5
6	2	3	1	4	8

4

8	2	7	4

1 열에서 굵은 숫자로 표시된 값 중에서 가장 작은 값을 저장하도록 한다. 첫 번째 행에서는 행의 값의 오름 차순에 따라 → 〈 ↗ 〈 ↘ 순으로 저장되어야 한다. 따라서, 여기서는 ↗ 방향에서 오는 4 의 값을 사용한다.

다음으로 2 열에서 가장 아래에 있는 원소를 세팅해보자. 가장 위에 있는 행과 마찬가지로, 가장 마지막 행의 원소도 역시 행의 값의 오름 차순에 따라야 한다. 즉, 방향은 ↗ 〈 ↘ 〈 → 순으로 저장되어야 한다.

6	12	2	1	4	3
4	7	2	8	1	6
5	9	9	3	9	5
6	2	3	1	4	8

4	**10**	8	2	7	4

해당하는 순서의 값 중에서 가장 작은 값인 4 와 더해져서 10 으로 갱신된다. 나머지 가운데 행들은 ↘ < → < ↗ 순으로 검사하여 가장 작은 값과 자신의 값을 더해서 갱신해준다. 2 번 열 모두를 갱신한 값이 다음과 같다.

6	12	2	1	4	3
4	**11**	2	8	1	6
5	**13**	9	3	9	5
6	**6**	3	1	4	8
4	10	8	2	7	4

이렇게 갱신할 때 저장되는 위치 정보를 기록하여 준다.

−1	0	0	0	0	0
−1	0	0	0	0	0
−1	0	0	0	0	0
−1	0	0	0	0	0
−1	0	0	0	0	0

위와 같이 갱신되는 위치 정보를 저장하는 배열 b 에 첫 번째 얼에는 이전에 오는 값이 없으므로 −1 을 넣도록 한다. 실제로는 사용되지 않으므로 굳이 어떤 값을 세팅하지 않더라도 상관없다. 두 번째 열은 갱신할 때 순서에 따라 가장 작은 값을 주는 이전의 위치를 저장해준다. 즉, 다음과 같다.

−1	**2**	0	0	0	0

-1	**2**	0	0	0	0
-1	**2**	0	0	0	0
-1	**5**	0	0	0	0

	5	0	0	0

갱신된 전체의 값은 다음과 같다.

6	12	12	13	15	16
4	11	13	20	13	19
5	13	15	12	19	18
6	6	9	10	14	22
4	10	14	11	17	17

그리고, 갱신된 값에 따라 저장된 위치 배열은 다음과 같다.

-1	2	5	1	5	2
-1	2	2	1	3	2
-1	2	4	4	4	2
-1	5	4	4	4	4
-1	5	4	4	4	4

이제 세팅된 d 배열에서 가장 작은 값을 찾는다.

6	12	12	13	15	**16**
4	11	13	20	13	19
5	13	15	12	19	18
6	6	9	10	14	22
4	10	14	11	17	17

위 배열의 마지막 열 중에서 가장 작은 값은 16 이다. 이전에 배열에서 열의 순서를 역으로 바꾸어서 계산하였으므로 마지막 열이 원래 배열에서는 시작 배열이 된다.

따라서, 최소의 값은 16 이며, 출발하는 위치는 1 이 된다. 이 위치를 기준으로 위치 배열을 사용하여 뒤에서 앞으로 이동하며 경로를 찾을 수 있다.

경로 배열에서 거꾸로 찾아가 보자.

-1	2	5	1	5	**2**
-1	2	2	1	3	2
-1	2	4	4	4	2
-1	5	4	4	4	4
-1	5	4	4	4	4

이전 d 배열에서 가장 작은 값이 있던 위치는 위의 표와 같이 최우측 상단의 위치이다. 여기로부터 저장된 값을 기준으로 거꾸로 추적해가면서 차례대로 출력하면 된다. 우선은 가장 작은 값이 있던 위치를 출력하면 다음과 같다.

1

출력한 뒤, 이 위치에 저장된 2 번 행을 다시 출력하고 b 배열에서 행 위치에 따라서 앞으로 이동해간다.

1 2

출력한 뒤 계속해서 행의 번호를 따라 역추적하면 다음과 같이 세팅된다.

-1	2	5	1	5	**2**
-1	2	2	1	**3**	2
-1	2	4	**4**	4	2
-1	**5**	4	4	4	4
-1	5	4	4	4	4

위 표에서 굵은 숫자들이 행을 따라 이동한 경로를 나타낸 것이다. 이 렇게 역으로 추적한 값을 차례대로 출력한 값이 다음과 같다.

1 2 3 4 4 5

그리고, 마지막으로 이전에 d 배열에서 찾아두었던 가장 작은 값을 출력한다.

16

코드는 다음과 같다.

```
#include<iostream>

using namespace std;

int main()
{
  int d[20][100], t;
  int i, j, n, m, b[20][100];

  while (cin >> n >> m) {
    // 역추적하기 좋도록 열을 역순으로 입력받는다.
    for (i = 0; i < n; ++i) {
      for (j = 0; j < m; ++j) cin >> d[i][m-j-1];
    }

    for (i = 1; i < m; ++i) {
      // 행이 1 개만 있는 경우는 옆으로 전진만 할 수 있다.
      if (n == 1) {
```

```
      d[0][i] += d[0][i-1];
      b[0][i] = 0;
   }
   // 행이 여러 개인 경우
   else {
      // 첫 번째 행에 대한 처리
      t = d[0][i-1];
      b[0][i] = 0;

      if (t > d[1][i-1]) {
         t = d[1][i-1];
         b[0][i] = 1;
      }


      // 첫 번째 행은 위에서 아래로 오는 방향에 대해
      // 예외처리하도록 한다.
      if (t > d[n-1][i-1]) {
         t = d[n-1][i-1];
         b[0][i] = n-1;
      }
      d[0][i] += t;


      for (j = 1; j < n-1; ++j) {
         // 위에서 내려오는 방향
         t = d[j-1][i-1];
         b[j][i] = j-1;
```

```
    // 옆으로 전진하는 방향
    if (t > d[j][i-1]) {
      t = d[j][i-1];
      b[j][i] = j;
    }


    // 밑에서 올라오는 방향
    if (t > d[j+1][i-1]) {
      t = d[j+1][i-1];
      b[j][i] = j+1;
    }


    // 3 가지 방향중 최소의 값을 저장한다.
    d[j][i] += t;
  }


  // 마지막 행에 대한 처리
  // 마지막 행은 아래에서 위로 오는 것에 대해서
  // 예외처리한다.
  t = d[0][i-1];
  b[n-1][i] = 0;
  if (t > d[n-2][i-1]) {
    t = d[n-2][i-1];
    b[n-1][i] = n-2;
  }
  if (t > d[n-1][i-1]) {
```

```
        t = d[n-1][i-1];
        b[n-1][i] = n-1;
      }
     d[n-1][i] += t;
   }
 }


// 마지막 위치에 온 값 중 제일 작은 값을 찾는다.
j = 0;
for (i = 1; i < n; ++i) {
  if (d[j][m-1] > d[i][m-1]) j = i;
}


// 역추적하면서 출력하기
t = d[j][m-1];
cout << j+1;
j = b[j][m-1];
for (i = m-2; i >= 0; --i) {
  cout << ' ' << j+1;
  j = b[j][i];
}
cout << endl << t << endl;
}


return 0;
}
```

Chapter **21**
D y n a m i c   P r o g r a m m i n g

UVA585 삼각형

남동생이나 여동생이 있다는 것은 좋은 일이다. 욕실에 가두거나 샌드위치에 아주 매운 청양 고추를 넣어 주는 등 그들을 괴롭힐 수 있다. 그러나, 동생들도 심술이 발생하는 때가 있다.

크리스마스가 있는 12월에, 크리스마스 트리 꼭대기에 매달 큰 별을 만들려고 한다. 그런데, 많은 구멍이 있는 삼각형 패턴으로 구성된 은박지를 가지고 있다. 여동생이 트리의 보통 별로 사용할 작은 삼각형을 벌써 잘라버린 것이다. 은박지에서 가장 큰 삼각형을 구성할 수 있는 부분을 찾는 알고리즘을 찾고 있다.

아래 그림과 같은 흰색과 검정색 부분을 갖는 삼각형 구조가 입력되면, 흰색 부분 중에서 최대 크기의 삼각형 영역을 찾아야 한다.

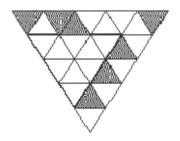

입력

입력은 여러 개의 삼각형 데이터로 구성된다. 각 삼각형 데이터의 첫 번째 줄에는 삼각형의 높이를 나타내는 1 ~ 100 사이의 정수 n 이 입력된다. 다음 n 개 줄에는 삼각형을 {공백, '#', '-'} 으로 입력된다. 검정색은 '#', 흰색은 '-' 를 나타낸다. 공백은 삼각형을 나타내기 위해 각 줄마다 앞쪽에 띄어지는 공간을 표현하는 것이다. 입력 예제에서 첫 번째 데이터는 문제에서 제시한 그림과 같은 데이터다.

각 삼각형 데이터는 각 줄마다 '#' 과 '-' 이 홀수로 입력되고, 2n-1 에서 1 까지 개수가 점점 감소한다. 입력은 n 의 값으로 0 이 입력되면 끝난다.

출력

각 삼각형 데이터에 대해서, 아래 출력 예제와 같은 형식으로 삼각형의 번호를 먼저 출력한다. 그 다음 줄에는 흰색으로 구성되는 가장 큰 삼각형 내부의 '-' 문자의 개수를 "The largest triangle area is #a." 형태로 출력한다. "#a" 대신에 개수가 출력되어야 한다. 가장 큰 삼각형은 두 번째 입력 예제에서와 같이 위쪽 꼭대기가 거꾸로 만들어질 수도 있다.

각 삼각형 데이터에 대한 결과 출력후에는 빈 줄을 한 줄 삽입하도록 한다.

입력 예제

```
5
#-##----#
 -----#-
  ---#-
```

```
   -#-

    _

4

#-#-#--

 #---#

  ##-

   _

0
```

출력 예제

```
Triangle #1
The largest triangle area is 9.


Triangle #2
The largest triangle area is 4.
```

풀이

이번 문제는 삼각형이 이전 줄의 상태에 따라 구성할 수 있는 삼각형을 조사하여 구할 수 있다. 위에서 아래로 내려가면서 삼각형이 이루어질 수 있는 형태를 조사하므로 첫 번째 줄은 각 하나의 삼각형을 만들 수 있는지 없는지를 검사한다.

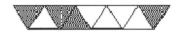

위 그림은 문제에서 주어진 삼각형 퍼즐의 모양 중에서 첫 번째 줄만 나타낸 것이다. 실제 입력 데이터의 첫 줄은 다음과 같다.

    #-##----#

위와 같은 데이터를 읽어서 '#' 문자는 검은 삼각형을 나타내며, '−' 문자는 흰 삼각형을 나타낸다. '#' 문자인 경우 0 으로 그렇지 않은 경우 1 로 배열에 세팅한다.

0	1	0	0	1	1	1	1	0

두 번째 열부터는 위의 삼각형과 앞이나 뒤의 삼각형의 상태를 보고 형태를 구성할 수 있는 최소의 값을 구하도록 한다. 삼각형 퍼즐을 배열로 세팅하기 위해 매핑하는 방법부터 살펴보자.

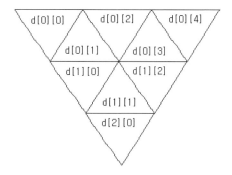

위와 같이 각 행에서 처음 시작하는 삼각형부터 0 번 열에 넣도록하며, 옆으로 이동하면서 열이 증가되는 순으로 2 차원 배열로 매핑시킬 수 있다. 삼각형의 형태는 2 가지가 가능하다. 우선 정삼각형을 만들 수 있는 경우를 살펴보자.

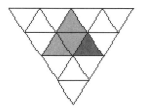

위 그림에서 검정색 삼각형에서 이전의 값들과 관계를 조사하여 삼각형이 있는지를 검사한다고 하자. 그러면, 다음과 같은 관계가 사용된다.

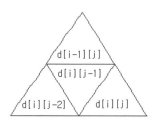

위 그림에서 d[i][j-1] 에 0 보다 큰 값이 저장되어 있다면, d[i-1][j] 와 d[i][j-2] 중에서 더 작은 값을 사용하여 삼각형을 만들 수 있다. 그림을 다시 살펴보면 다음과 같다.

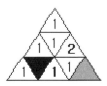

위와 같이 세팅되어갈 때, 회색으로 칠해진 삼각형의 개수를 구한다고 가정해보자. 회색을 d[i][j] 라고하면 바로 앞의 삼각형 d[i][j-1] 이 현재 1 이므로 더 큰 삼각형을 만들 수 있는 조건이 된다. 이제 2 개 앞의 값 d[i][j-2] 와 앞의 위의 삼각형이 있는 위치 d[i-1][j] 중에서 더 작은 값에다가 +1 을 하여 세팅하도록 한다.

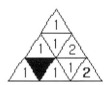

즉, 최소의 값에서 1 을 더한 값이 만들 수 있는 삼각형의 최대 개수가 된다. 이번에는 역삼각형 구조를 살펴보자.

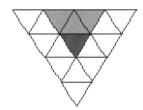

정삼각형 구조와 마찬가지로 위에서 내려오면서 검사하므로 위와 같이 검사된다. 검사하는 현재 위치가 회색 삼각형인 d[i][j] 라면, 위의 3 개의 삼각형 d[i-1][j], d[i-1][j+1], d[i-1][j+1] 을 검사한다.

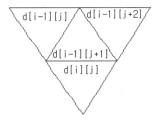

역삼각형 구조에서는 d[i-1][j-1] 의 값이 0 보다 크다면, d[i-1][j] 와 d[i-1][j+2] 중에서 더 작은 값에다가 1 을 더한 값이 d[i][j] 에 저장된다.

이와 같이 2 가지 구조에 대하여 조사한다. 한 행에서 살펴보면 홀수 번째 열은 역삼각형 제일 아래에 오는 삼각형이 되므로 역삼각형 구조를 검사하야 하고, 짝수 번째 열은 정삼각형에서 오른쪽 모서리에 해당하는 삼각형이므로 정사각형 구조를 검사하야 한다.

위 그림에서 흰색부분이 역삼각형에서 제일 아래에 오는 삼각형으로 역삼각 구조를 조사하는 부분이며, 회색부분이 정삼각형의 오른쪽 모서리 부분의 삼각형으로 정삼각형의 구조를 조사하는 부분이 된다. 홀수 번째 값과 짝수 번째 값에 대해서 검사하는 코드는 다음과 같다.

```
// 홀수 번째 열에 대해 정삼각형 형태 검사
if (j % 2) {
```

```
    if (j > 1 && d[i][j-1] > 0) d[i][j] = 1+min(d[i-1][j], d[i][j-2]);
    else d[i][j] = 1;
}
// 짝수 번째 열에 대해 역삼각형 형태 검사
else {
    if (d[i-1][j+1] > 0) d[i][j] = 1+min(d[i-1][j], d[i-1][j+2]);
    else d[i][j] = 1;
}
```

이를 기준으로 입력 데이터를 실제 표로 세팅해보자. 첫 번째 입력 데이터는 다음과 같다.

```
5
#-##----#
 -----#-
  ---#-
   -#-
    -
```

이 구조를 일단 배열에 0 과 1 로 세팅하면 다음과 같다. 사용하지 않는 값은 'x' 로 표현하였다. 이 표를 배열 d 를 나타낸다.

0	1	0	0	1	1	1	1	0
1	1	1	1	1	0	1	x	x
1	1	1	0	1	x	x	x	x
1	0	1	x	x	x	x	x	x
1	x	x	x	x	x	x	x	x

1 행은 위의 행이 없으므로 최대 1 개의 삼각형만 구성할 수 있으므로 두 번째 행부터 처리하도록 한다. 우선, 홀수 번째의 위치의 삼각형을 한번 살펴보자. 홀수 번째인 경우 역 삼각형 구조를 갖는다.

0	1	0	0	**1**	**1**	**1**	1	0
1	1	1	1	**2**	0	1	x	x
1	1	1	0	1	x	x	x	x
1	0	1	x	x	x	x	x	x
1	x	x	x	x	x	x	x	x

위 표에서 2 행 5 열의 값을 살펴보자. d[1][4] 는 자신의 바로 위의 행에서 3 개의 값을 참고 한다. 즉, d[0][5] 가 0 보다 큰 값이면 d[0][4] 와 d[0][6] 중에 더 작은 값에 1 을 더하여 세팅된다. 그림으로 보면 다음과 같다.

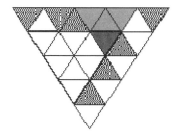

위 그림에서 진한 회색부분의 값을 세팅한 것이다. 바로 위의 행의 3 개의 값을 참고하여 세팅한 것이다. 이번에는 짝수 번째 값을 세팅해보자.

0	1	0	**0**	1	1	1	1	0
1	**1**	**1**	**1**	1	0	1	x	x
1	1	1	0	1	x	x	x	x
1	0	1	x	x	x	x	x	x
1	x	x	x	x	x	x	x	x

위 표에서 2 행에서 4 열의 값은 짝수 번째 열이므로 정삼각형 형태를 조사한다. 즉, 자신의 바로 앞의 2 개의 열과 1 행에서 굵게 표시한 부분의 숫자를 참고한다. 바로 앞의 삼각형인 d[1][2] 이 0 보다 큰 값이므로 d[0][3] 와 d[1][1] 중에서 더 작은 값에다가 1 을 더하여 d[1][3] 의 값이 세팅된다. 즉, 그림으로 표현하면 다음과 같다.

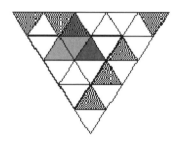

진한 회색 부분을 세팅하는데 바로 앞의 삼각형은 사용할 수 있지만, 그 앞의 삼각형과 위 행의 삼각형 중에서 더 작은 값을 0 이므로 1 을 더하여 1 칸의 삼각형으로 세팅된다.

전체적으로 세팅한 표는 다음과 같다.

0	1	0	0	1	1	1	1	0
1	1	1	1	2	0	1	x	x
2	1	2	0	1	x	x	x	x
3	0	1	x	x	x	x	x	x
1	x	x	x	x	x	x	x	x

이 중에서 최대 값이 3 의 제곱이 출력 결과가 된다. 코드는 다음과 같다.

```
#include <iostream>
#include <algorithm>
```

```
using namespace std;

int main()
{
  int n, ic, i, d[10000], mx;
  char t;

  ic = 0;
  while (cin >> n) {
    mx = 0;
    if (n == 0) break;
    ++ic;

    n = 2*n-1;

    // 첫 번째 줄은 '#' 이면 0 아니면 1 로 세팅한다.
    for (i = 0; i < n; ++i) {
      cin >> t;
      if (t == '#') d[i] = 0;
      else d[i] = 1;

      mx = max(mx, d[i]);
    }

    // 처음 개수에서 2 개씩 줄어든다.
```

```cpp
    n -= 2;
  while (n > 0) {
    for (i = 0; i < n; ++i) {
      cin >> t;
      if (t == '#') d[i] = 0;
      else {
        // 정삼각형 형태 검사
        if (i % 2) {
          if (i > 1 && d[i-1] > 0) d[i] = 1+min(d[i], d[i-2]);
          else d[i] = 1;
        }
        // 역삼각형 형태 검사
        else {
          if (d[i+1] > 0) d[i] = 1+min(d[i], d[i+2]);
          else d[i] = 1;
        }

        mx = max(mx, d[i]);
      }
    }
    n -= 2;
  }
  cout << "Triangle #" << ic << endl;
  cout << "The largest triangle area is " << mx*mx << ".";
  cout << endl << endl;
}
```

```
    return 0;
}
```

Chapter 22
D y n a m i c   P r o g r a m m i n g

UVA10379 경주장 급유소 전략

다른 모든 요소들은 동일한 경주용 자동차의 속도는 실려있는 연료의 양에 영향을 받는다. 보통 연료의 무게가 자동차를 느리게 한다. 또한, 연료의 무게는 '연료 소모량을 증가시킨다. 그러므로, 가능한 적은 연료를 싣는 것이 유리한다.

어느 정도의 연료는 경주 시작 시에 실려있으며, 경기 중에 급유소에서 연료를 공급받는 것은 허용된다. 급유소에서 소모되는 시간은 저장되는 연료의 양 만큼 증가된다. 경기 전에 측정된 연료의 량을 기준으로 모든 차량에 대한 급유소 전략과 최적의 연료량을 결정해라.

입력
입력은 여러 줄로 구성이 된다. 각 줄은 다음과 같다.

· 경주에서 트랙을 도는 회수. 100 이하의 정수 값을 갖는다.
· 빈 연료 탱크로 자동차가 트랙을 한번 도는데 걸리는 시간. 초 단위로 실수 값을 사용한다.
· 트랙을 한 번 돌 때마다 연료 1 리터 무게로 인해 증가되는 시간. 초 단위로 실수 값이다.
· 1 바퀴를 도는데 소모되는 기본 소비량. 리터 단위로 실수 값이다.
· 트랙을 도는 실린 연료 무게로 인해 소모되는 리터당 추가 연료 소모량. 정확히 1 보다 작은 실수 값이다.

· 연료가 없을 때 급유소에서 걸리는 시간. 초 단위로 실수 값이다.

채워진 연료로 인해 소모되는 리터당 추가로 소모되는 시간. 실수 값이다.

출력

각 줄의 입력에 대해서, 다음 정보를 출력한다.

· 입력된 일곱 개의 데이터를 먼저 한 줄로 출력한다.
· 3 개의 정수 한 줄을 출력한다.
1. 전체 경주 시간
2. 초기에 저장된 연료 량
3. 급유지 개수
· 각 급유지에 대해 다음 정보를 한 줄씩 출력한다.
1. 급유지에서 다시 출발한 후에 돌게 되는 트랙 회전 회수
2. 사용된 연료 량

모든 실수 값은 소수 점 셋째 자리까지 출력되도록 한다. 한 줄에 같이 출력되는 수들은 서로 간에 공백 하나로 구분되어야 한다.

입력 예제

```
3 100 0 10 0 20 0
3 100 0 10 .1 20 0
3 100 2 10 0 20 1
3 100 4 10 0 20 1
3 100 2 10 .1 20 1
```

출력 예제

```
3 100.000 0.000 10.000 0.000 20.000 0.000
300.000 30.000 0
3 100.000 0.000 10.000 0.100 20.000 0.000
300.000 37.174 0
3 100.000 2.000 10.000 0.000 20.000 1.000
410.000 20.000 1
2 10.000
3 100.000 4.000 10.000 0.000 20.000 1.000
480.000 10.000 2
1 10.000
2 10.000
3 100.000 2.000 10.000 0.1000 20.000 1.000
422.469 23.457 1
2 11.111
```

메모장

풀이

이 문제에서는 한 바퀴를 돌때마다 필요한 소모량을 우선 구해야 한다. i 번째 바퀴를 돌 때 필요한 연료량을 c_i 라고 하자.

c[i] = c[i-1];

마지막으로 i 바퀴를 돌기 전까지 필요한 연료 c_{i-1} 에서 필요한 양만큼 더해주어야 하므로, 먼저 c_{i-1} 을 저장한다. 그리고, 이전의 연료를 i 번째 바퀴까지 가져오려면, 연료 1 리터의 무게에다가 무게당 1 바퀴를 돌 때마다 소모되는 연료 소모량만큼 더 필요하게 된다.

c[i] = c[i-1] + c[i-1] * begin;

위 식에서 begin 은 리터당 연료 소모에 따른 증가분이다. 다음으로 연료 무게 말고 트랙을 1 바퀴를 돌 때 경주자동차 자체 무게 때문에 필요한 연료량을 더해주어야 한다.

c[i] = c[i-1] + c[i-1] * begin + empty;

식에서 empty 가 연료가 없을 때 이론상으로 1 바퀴 돌 때 필요한 연료량이다. 즉, 연료를 빼고 경주 자동차 자체 무게로 인해 1 바퀴를 도는데 필요한 연료량이다.

1 리터당 연료 무게 때문에 더 소모되는 양이 begin 이라면, 연료 무게 때문에 소모되는 것을 **빼면** 실제 움직이는데 소모되는 양이 된다. 즉, (1-begin) 이 실제로 소모되어야 하는 양이다. 그런데, (1-begin) 의 양으로 1 바퀴를 미처 다 돌지 못하므로 부족분만큼 더 계산해주어야 한다. 따라서, 1 바퀴를 더 도는데 필요한 양에다가 실제로 소모되는 양으로 나누어 주어 필요한 양을 계산한다.

$$c[i] = c[i-1] + (c[i-1] * begin + empty) / (1 - \mathbf{begin});$$

위 식이 이전까지 계산된 연료 양 $c[i-1]$ 을 활용해서 1 바퀴를 더 돌아 i 번째 바퀴를 돌 때 필요한 연료량을 구하는 식이 된다. 이제 이렇게 구해진 연료량으로 필요한 시간도 구해보자. 시간도 마찬가지로 i 번째 바퀴를 도는데 필요한 시간도 i-1 번째 바퀴를 노는 시간에서 1 바퀴를 도는데 필요한 시간만큼 더해서 구할 수 있다. 따라서, 시간도 먼저 다음과 같이 대입된다.

$$t[i] = t[i-1];$$

여기다가 연료없이 경주자동차 자체의 무게로 1 바퀴도는데 걸리는 이론적인 시간을 더해준다.

$$t[i] = t[i-1] + one;$$

다음 i 번째 바퀴를 도는데 필요한 연료량에 대해서 연료 1 리터당 더 걸리는 추가 시간을 곱해서 더해준다.

$$t[i] = t[i-1] + one + init*c[i];$$

위 식이 i 번째 바퀴를 돌 때 걸리는 최종 시간이 된다. 여기서 init 는 리터당 추가 시간이다. 이제 중간 각 지점의 급유소에서 급유한 후 그 이후 지점으로 옮겨갈 때 시간이 줄어들면 갱신하도록 한다. 예를 들어 i 범 급유소에서 급유한다면, 그 이후 i+1 바퀴부터 마지막 바퀴인 n 바퀴까지 시간을 다시 계산하여 더 적다면 갱신하도록 한다. 우선, 이전에 저장되었던 시간 배열 t 를 갱신할 시간 배열인 r 에 복사하고 시작한다.

$$r[j] = r[i] + t[i-j]; \quad (i < j <= n)$$

위와 같이 i 바퀴 이후 급유소에서 쉰다고 하면 그 다음의 시간을 계산해야 하므로 i+1 ~ n 사이의 시간을 갱신해야 한다. 우선 i 급유소에서 쉬고 j 위치까지 오는 시간은 i+1 부터 다시 출발하여 j 까지 오므로 t[i-j] 시간이 우선 더해진다. 다음으로 급유소에서 정차해 있는 시간이 더해진다.

r[j] = r[i] + t[i-j] + hour;

다음으로 i 번 급유소 이후에 도는 바퀴수 j-i 를 도는데 필요한 연료량 c[j-i] 에다가, 이 연료를 넣는데 필요한 시간이 더해진다.

r[j] = r[i] + t[i-j] + hour + c[j-i]*add;

이렇게 계산된 새로운 시간이 기존 j 까지 바로 오는 시간보다 작다면 갱신해주도록 한다. 이때, 갱신이 되었다면 그때 급유한 곳의 급유소 위치를 따로 저장해주도록 한다. 이렇게 구해진 값을 역추적하여 가장 짧은 시간을 갖는 답을 구해준다. 코드는 다음과 같다.

```cpp
#include <iostream>
#include <iomanip>
#include <algorithm>

using namespace std;

int main()
{
  int l[101] = {0}, s[101] = {0};
```

```
int n, i, j, a, b;
double one, init, empty, begin, hour, add, x;
double c[101] = {0}, t[101] = {0}, r[101] = {0}, f[101] = {0};


// n : 트랙을 도는 회수
// one : 연료가 없을 때, 1 바퀴 도는데 걸리는 시간
// init : 1 리터당 증가 시간
// empty : 연료 없다고 봤을 때 1 바퀴당 소모되는 연료량
// begin : 리터당 연료 소모 증가량
// hour : 연료가 없을 때 급유소에서 걸리는 시간
// add : 급유소에서 연료를 채우는데 소모되는 추가 시간
while (cin >> n >> one >> init >> empty >> begin >> hour >> add)
{
  cout << fixed;
  cout.precision(3);
  cout << n << " " << one << " " << init << " " << empty
    << " " << begin << " " << hour << " " << add << endl;

  for (i = 1; i <= n; i++) {
    c[i] = c[i-1] + (c[i-1]*begin + empty)/(1-begin);
    t[i] = t[i-1] + one + init*c[i];
  }

  for (i = 0; i <= n; i++) l[i] = i;
  copy(t, t+n+1, r);
```

```
// i 번 급유소에서 쉰 후 갱신되는 시간
for (i = 1; i < n; i++) {
  for (j = i+1; j <= n; j++) {
    x = r[i] + t[j-i] + hour + add*c[j-i];

    if (x < r[j]) {
      r[j] = x;
      l[j] = j-i;
    }
  }
}



// 역추적
a = 0;
b = n;
while (b > 0) {
  s[a] = b - l[b];
  f[a] = c[l[b]];
  b -= l[b];
  a++;
}
a--;

cout << r[n] << " " << f[a] << " " << a << endl;
for (i = a-1; i >= 0; i--) {
```

```
        cout << s[i] << " " << f[i] << endl;
    }
  }


  return 0;
}
```

Chapter 23
Dynamic Programming

UVA10578 31 게임

31 게임은 옛날 철도 여행시에 반 예술가들이 좋아했던 게임이다. 이 게임은 1, 2, 3, 4, 5, 6 번으로 각 번호마다 4 가지 표식으로 총 24 장의 카드로 진행된다. 덱의 카드들은 두 명에게 보이도록 놓는다. 두 명은 번갈아가며 덱에서 한 장의 카드를 가져와서 패를 쌓는 곳 위에 놓는다. 게임은 더미에 쌓인 카드들의 합이 31 을 넘지않도록 카드를 놓을 수 있는 마지막에 놓는 사람이 이기는 것이다. 각각 최적의 전략을 사용하여 게임을 진행한 뒤 우승자를 결정하여라.

예를 들어, 아래 게임에서는 B 가 이기게 된다.

A 가 3 을 놓는다.
B 가 5 를 놓는다.
A 가 6 을 놓는다.
B 가 6 을 놓는다.
A 가 5 를 놓는다.
B 가 6 을 놓는다.

입력

입력은 여러 줄로 구성된다. 각 줄은 게임의 진행을 표현하는 숫자 열을 포함한다. 첫 번째 숫자는 A 가 놓는 수 이며, 두 번째 숫자는 B 가 놓는 수 등으로 차례대로 놓는 숫자를 나타낸다. 완벽한 전략을 사용했을 때 누가 이기는지를 결정해야 한다.

출력

각 줄의 입력에 대해서, 입력 데이터를 먼저 그래도 출력하고, 공백을 하나 삽입한 뒤, 게임을 이긴 사람을 'A' 또는 'B' 로 출력해야 한다.

입력 예제

```
356656
35665
3566
111126666
552525
```

출력 예제

```
356656 B
35665 B
3566 A
111126666 A
552525 A
```

풀이

각 카드의 개수만큼 나올 수 있는 경우와 그때 남음 합계에 대해서 이길 수 있는지 없는지를 모두 체크해준다. 여기서, 사용하는 d 배열의 의미는 다음과 같다.

d[d1][d2][d3][d4][d5][d6][합계]

위 코드에서 d1 ~ d6 은 각 카드의 현재 개수를 나타낸다. d1 은 1 번 카드의 개수, d2 는 2 번 카드의 개수를 나타내는 식이다. 어떠한 상태일지라도 마지막 합계가 31 인 경우는 무조건 이기게 된다. 따라서, 각 카드의 개수로 구성될 수 있는 모든 상태에 대해서 합계가 31 인 경우는 모두 1 로 세팅한다. 코드가 깔끔하지 못하고 약간 노가다 성이 있는 코드로 세팅해야 한다.

```
for (d1 = 0; d1 < 5; d1++) {
  for (d2 = 0; d2 < 5; d2++) {
    for (d3 = 0; d3 < 5; d3++) {
      for (d4 = 0; d4 < 5; d4++) {
        for (d5 = 0; d5 < 5; d5++) {
          for (d6 = 0; d6 < 5; d6++) {
            d[d1][d2][d3][d4][d5][d6][31] = 1;
          }
        }
      }
    }
  }
}
```

다음으로 현재 남은 각 카드의 장수에서 어느 카드를 사용해서 나온 상태가 모두 지는 경우라면 자신은 이길 수 있다.

d[d1][d2][d3][d4][d5][d6][현재합계]

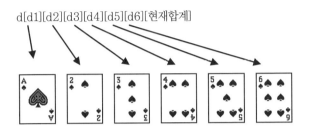

위 식에서 1 번 카드부터 6 번 카드를 사용하는 경우를 적으면 다음과 같다.

d[**d1-1**][d2][d3][d4][d5][d6][**현재합계+1**]

d[d1][**d2-1**][d3][d4][d5][d6][**현재합계+2**]

d[d1][d2][**d3-1**][d4][d5][d6][**현재합계+3**]

d[d1][d2][d3][**d4-1**][d5][d6][**현재합계+4**]

d[d1][d2][d3][d4][**d5-1**][d6][**현재합계+5**]

d[d1][d2][d3][d4][d5][**d6-1**][**현재합계+6**]

현재 값에서 카드를 하나씩 빼서 나올 수 있는 모든 경우를 검사하여 모두 진다면 현재 상태는 이기는 상태가 된다. 위의 값을 조사할 때, 현재 합계에서 카드의 수를 더해서 31 을 넘어가는 지도 검사해야 한다. 31 을 넘어 간다면 지는 상태가 된다. 즉, 다음과 같은 상태이다.

현재 합계 + 카드의 값 〉31

다음으로 4 장씩 있는 카드에서 카드를 4 장 모두 사용한 경우, 현재 번호에서는 뺄 수 없으므로 지는 상태이다. 즉, 현재 번호의 카드에서는 다음 상태를 만들어 낼 수 없으므로 선택할 상태가 없다. 따라서, 지는 상태가 된다. 물론, 다른 카드들 중에 남은 카드가 있다면 다른 카드를 빼서 이기는 상태가 나올 수 있다.

이렇게 모든 경우에 대해서 이기고 지는 상태를 구해둔 다음, 각 퍼즐의 상태를 입력받아서 해당하는 상태의 값이 이기는 상태인지 지는 상태인지에 따라 결과를 출력하면 된다. 코드는 다음과 같다.

```cpp
#include <iostream>
#include <string>
#include <algorithm>

using namespace std;

int main()
{
  unsigned char d[5][5][5][5][5][5][32] = {0};

  int d1, d2, d3, d4, d5, d6, i;
  int total, dc[6];
  string str;

  // 전체를 이기는 것으로 세팅
  for (d1 = 0; d1 < 5; d1++) {
    for (d2 = 0; d2 < 5; d2++) {
      for (d3 = 0; d3 < 5; d3++) {
```

```
      for (d4 = 0; d4 < 5; d4++) {
        for (d5 = 0; d5 < 5; d5++) {
          for (d6 = 0; d6 < 5; d6++) {
            d[d1][d2][d3][d4][d5][d6][31] = 1;
          }
        }
      }
    }
  }
}


for (i = 30; i >= 0; i--) {
  for (d1 = 0; d1 < 5; d1++) {
    for (d2 = 0; d2 < 5; d2++) {
      for (d3 = 0; d3 < 5; d3++) {
        for (d4 = 0; d4 < 5; d4++) {
          for (d5 = 0; d5 < 5; d5++) {
            for (d6 = 0; d6 < 5; d6++) {
              if (
(i+1 > 31 || !d1 || d[d1-1][d2][d3][d4][d5][d6][i+1] == 2) &&
(i+2 > 31 || !d2 || d[d1][d2-1][d3][d4][d5][d6][i+2] == 2) &&
(i+3 > 31 || !d3 || d[d1][d2][d3-1][d4][d5][d6][i+3] == 2) &&
(i+4 > 31 || !d4 || d[d1][d2][d3][d4-1][d5][d6][i+4] == 2) &&
(i+5 > 31 || !d5 || d[d1][d2][d3][d4][d5-1][d6][i+5] == 2) &&
(i+6 > 31 || !d6 || d[d1][d2][d3][d4][d5][d6-1][i+6] == 2)) {
                d[d1][d2][d3][d4][d5][d6][i] = 1;
```

```
                }
             else d[d1][d2][d3][d4][d5][d6][i] = 2;
              }
            }
          }
        }
      }
    }
  }

while (1) {
  getline(cin, str);
  if (cin.eof()) break;

  // 각번호의 카드 개수가 4 개씩인 것으로세팅
  fill(dc, dc+6, 4);
  total = 0;

  cout << str;
  for (i = 0; i < str.length();i++) {
    // 해당카드 개수를1 씩줄이고, 쌓인 카드의 합계도 구해준다.
    dc[str[i]-'1']--;
    total += str[i]-'0';
  }

  // 해당위치의값이 true 일때, 길이가 홀수면 A 가 이기고,
```

```
    // 짝수면 B 가 이긴다.
    if (d[dc[0]][dc[1]][dc[2]][dc[3]][dc[4]][dc[5]][total] == 1) {
      if (str.length() % 2) cout << " A" << endl;
      else cout << " B" << endl;
    }
    // 해당 위치의 값이 false 일 때, 길이가 B 가 이기고,
    // 짝수면 A 가 이긴다.
    else
    if (d[dc[0]][dc[1]][dc[2]][dc[3]][dc[4]][dc[5]][total] == 2) {
      if (str.length() % 2) cout << " B" << endl;
      else cout << " A" << endl;
    }
    // 나머지는 비김
    else cout << "draw" << endl;
  }


  return 0;
}
```

Chapter 24
D y n a m i c   P r o g r a m m i n g

UVA10593 연

연을 날리는 계절이 돌아왔다. 그래서 어쨌다고? 연에 대해서 재고 조사를 해보자. 사각형 모양의 종이가 주어진다. 그러나, 이들 종이의 낡은 부분들이 이미 구멍이 나있다. 이러한 종이에서 특정 크기의 연으로 자르는 모든 가지수를 구하는 것이다. 그런데, 연 자체에는 구멍이 있을 수 없다. 그리고, 연은 다이아몬드 형이나 정사각형이 될 수 있다.

```
            x
  x      xxx      xxx      xxx
xxx     xxxxx     xxx      x.x      x
  x      xxx      xxx      xxx
            x
```

위 그림에서 첫 번째 3 개는 올바른 연이지만, 나머지 2 개는 그렇지 않다.

입력

입력은 종이의 크기를 나타내는 500 이하의 정수 n 이 입력된다. 다음 n 개 줄에 각 줄마다 'x' 나 '.' 으로 구성된 n 개의 문자가 입력된다. 점데이터는 종이의 구멍이 난 부분을 나타낸다. 입력은 EOF 로 끝난다.

출력

출력은 매우 간단하다. 각 테스트 데이터에 대해서 문제 조건에 따라 결과를 한 줄에 하나씩 출력하면 된다.

입력 예제

```
4
.xx.
xxxx
.xx.
.x..
3
xxx
xxx
xxx
```

출력 예제

```
4
6
```

풀이

이 문제에서는 두 가지 모양의 연을 만들 수 있다. 즉, 정사각형과 마름모 형태이다. 우선 입력 받은 모양에서 정사각형 모양을 우선 조사하도록 한다. 첫 번째 입력 데이터를 기준으로 설명하겠다.

```
4
.xx.
xxxx
.xx.
.x..
```

입력 데이터에서 'x'로 표시된 부분을 모두 1로 변환하고, '.'로 표시된 부분은 0으로 변환하여 표로 표시하면 다음과 같다.

0	1	1	0
1	1	1	1
0	1	1	0
0	1	0	0

표에서 1로 세팅되어 있을 경우 왼쪽, 위, 왼쪽위 3가지 값 중에서 가장 작은 값에 1을 더한 개수로 세팅한다.

1	1
1	**2**

위와 같이, 화살표가 오기 전의 값이 가장 적은 곳의 값에 1을 더하여 2로 세팅된다.

1	1	1
1	2	2
1	2	**3**

위의 경우 3 행 3 열의 값이 모두 1 로 채워진 경우, 정사각형이므로 위와 같이 오른쪽 아래에 있는 셀의 값은 3 이 된다. 즉, 1×1, 2×2, 3×3 의 3 가지 정사각형을 구성할 수 있게 된다.

1	1	1
1	2	2
1	2	3

1	1	1
1	2	2
1	2	3

1	1	1
1	2	2
1	2	3

입력 데이터를 사각형으로 검사하면 다음과 같이 세팅된다.

0	1	1	0
1	1	2	1
0	1	2	0
0	1	0	0

위와 같이 구해진 경우, 셀의 각 값을 모두 더해주면 정사각형으로 구성할 수 있는 총 가지수가 된다. 위의 경우는 11 이다.

이번에는 마름모로 구성할 수 있는 경우를 검사해보자. 마름모는 자신의 값이 1 인 경우, 위, 아래, 왼쪽, 오른쪽에 있는 셀의 값 중 가장 작은 값에서 1 을 더하게 된다.

0	1	0
1	**2**	1
0	1	0

위와 같이 가운데 셀의 경우 상하좌우에 모두 1 로 채워져 있으므로 가장 작은 값에 1을 더한 2 가 된다. 마름모꼴이므로 마름모 형태의 셀만 검사한다.

0	0	1	0	0
0	1	2	1	0
1	2	**3**	2	1
0	1	2	1	0
0	0	1	0	0

위의 그림에서는 가장 가운데 셀은 상하좌우 주위에 가장 작은 값이 2 이므로 1 을 더한 3 이 저장된다. 즉, 다음과 같이 가운데는 3 가지 형식의 마름모를 만들 수 있다.

0	0	1	0	0
0	1	2	1	0
1	2	3	2	1
0	1	2	1	0
0	0	1	0	0

0	0	1	0	0
0	1	2	1	0
1	2	3	2	1
0	1	2	1	0
0	0	1	0	0

0	0	1	0	0
0	1	2	1	0
1	2	3	2	1
0	1	2	1	0
0	0	1	0	0

마름모인 경우는 단순히 이중 for 한번으로 계산을 마무리할 수 없다. 따라서, 범위를 점점 줄여가면서 상하좌우에 있는 최소값에 1 을 더해서 개수를 구하게 된다.

이때, 저장되는 값이 변하지 않으면 실행을 멈추도록 한다. 마름모에서 생길 수 있는 개수를 계산하기 위해서 우선 d 를 다시 모두 0 으로 초기화하고 시작하도록 한다.

0	1	1	0
1	1	1	1
0	1	1	0
0	1	0	0

처음에는 위의 입력 예제의 데이터가 d 에 그대로 복사된다. 다음으로 전체 크기에서 상하좌우에서 1 씩 줄일 범위를 조사한다. 위 그림에서 회색으로 표시한 곳에서만 조사하도록 한다. 1 의 값을 가지고 있는 상태에서 상하좌우의 최소 값에 1 을 더한 값으로 저장한다.

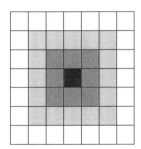

위와 같이 색이 진해지는 순서로 크기를 1 씩 줄여가면서 검사를 하게 된다. 검사 중에 한번이라도 값이 갱신되지 않는다면 다음 단계는 검사하지 않도록 한다.

0	1	1	0
1	2	2	1
0	1	1	0
0	1	0	0

위와 같이 상하좌우에 모두 1 이 있는 경우 1 을 더해서 2 로 갱신된다. 다시 하나더 1 씩 들어간 공간을 조사하려고 하면 더 이상 조사할 공간이 없으므로 멈추도록 한다.

이렇게 계산된 정사각형의 개수와 마름모꼴의 개수를 더하여 출력한다. 코드는 다음과 같다.

```cpp
#include <iostream>
#include <memory.h>
#include <algorithm>

using namespace std;

int main()
{
  int i, j, k, m, n, res, d[502][502];
  bool a[502][502], use;
  char c;

  while (cin >> n) {
    res = 0;
    memset(a, false, sizeof(a));

    for (i = 1; i <= n; i++) {
      for (j = 1; j <= n; j++) {
        cin >> c;
        a[i][j] = c == 'x';
      }
    }
```

```
// 정사각형 모양의 종이 검사
memset(d, 0, sizeof(d));
for (i = 1; i <= n; i++) {
  for (j = 1; j <= n; j++) {
    if (a[i][j])
      d[i][j] = min(d[i-1][j], min(d[i][j-1], d[i-1][j-1]))+1;
    if (d[i][j]) res += d[i][j]-1;
  }
}


// 마름모꼴 모양 종이 검사
memset(d, 0, sizeof(d));
k = 0;
do {
  use = false;
  for (i = 1+k; i <= n-k; i++) {
    for (j = 1+k; j <= n-k; j++) {
      if (a[i][j]) {
        m = min(min(d[i-1][j], d[i+1][j]),
                min(d[i][j-1], d[i][j+1]))+1;
        if (m != d[i][j]) use = true;
        d[i][j] = m;
      }
    }
  }
```

```
    k++;
  } while (use);

  for (i = 1; i <= n;i++) {
    for (j = 1; j <= n; j++) {
      if (d[i][j] != 0) res += d[i][j]-1;
    }
  }

  cout << res << endl;
}

return 0;
}
```

Chapter 25

D y n a m i c   P r o g r a m m i n g

UVA10604 화학 반응

화학 연구실에는 유리 관속에 여러 가지 형식의 물질들이 들어있다. 연구원은 한 번에 두 개의 물질을 섞는 방식으로 모든 화학 물질을 섞고자 한다. 두 물질이 섞이면, 열이 발생되고, 공기 중에 날아가며, 원래의 두 물질과는 다른 다른 형식의 알 수 없는 화학 물질이 만들어진다. 생성된 물질의 형식과 열의 온도는 물질 합성표로 표시할 수 있다.

화학물질	1		2		3	
	생성된 물질 형식	발생된 열	생성된 물질 형식	발생된 열	생성된 물질 형식	발생된 열
1	1	0	3	−10	3	3000
2	3	−10	2	0	1	−500
3	3	3000	1	−500	3	0

예를 들어, 위의 물질 합성표에는 1, 2, 3 으로 3 가지의 형식이 있다. 1 번 물질과 3 번 물질을 섞으면, 열은 +3000 가 발생하며, 3 번 물질로 바뀌게 된다. 때로, 생성되는 열이 음수가 될 수도 있다. 예를 들어, 2 번과 3 번 물질을 섞으면, 2 번 물질로 바뀌며, 온도는 500 이 떨어지게 된다.

연구원은 고열이 발생되었을 때를 예방하는 보호 장비를 살 자금이 부족했기 때문에, 마지막 물질의 형식은 관계없이 열이 최소한으로 발생되도록 모든 물질을 섞는 방법을 찾아내는게 상당히 중요했다.

예를 들어, 실험실에 1, 2, 2, 3 형식의 물질이 담겨진 4 개의 유리관이 있다고 가정해보자. ((1 2) (2 3)) 의 괄호 순서에 따라 물질이 섞인다면, 온도는 (−10)+ (−

500)+(3000) = 2490 이 발생된다. 그러나, (2 (1 (2 3))) 순으로 섞으면, 최소의 온도인 (-500)+0+(-10)= -510 이 발생된다.

입력

첫 번째 줄에는 테스트 데이터의 개수가 입력된다. 연속된 테스트 데이터 사이에는 단일 문자 '/' 을 포함하는 한 줄이 입력된다. 입력의 끝은 '.' 을 포함하는 한 줄로 끝난다. 각 테스트 데이터의 첫 줄에는 포함될 화학 물질 형식의 개수 m 이 1 ~ 6 사이의 수로 입력된다. 그러므로, 화학 물질의 형식은 1 ~ 6 사이의 값을 갖게 된다.

다음 m × m 개 줄에 화학 물질 합성표가 행 우선 순서로 입력된다. 각 줄에는 생성되는 물질 형식과 발생되는 온도가 포함된다. 합성표의 데이터가 입력된 후에 연구실의 유리관 개수 k 가 2 ~ 10 사이의 값으로 입력된다. 다음 줄에는 유리관에 들어있는 물질의 형식을 나타내는 1 ~ m 사이의 값을 가진 정수가 k 개 입력된다.

출력

각 테스트 데이터에 대해서, 최소 온도의 총합을 한 줄씩 출력하여라.

입력 예제

```
2
3
1 0
3 -10
3 3000
3 -10
2 0
```

```
1 −500
3 3000
1 −500
3 0
4
1 2 2 3
/
3
1 0
3 500
3 −250
3 500
2 0
1 100
3 −250
1 100
3 0
6
1 1 1 2 2 3
.
```

출력 예제

```
−510
−650
```

첫 번째 풀이

이 문제는 두 가지 방식으로 동적 프로그래밍을 생각해볼 수 있다. 입력된 물질을 순차적으로 정렬하고, 이 물질들의 순서를 바꿔가면서 최소 값들 중에 제일 작은 값을 출력으로 하는 방법이다. 일단 하나의 수열에 대해서 이전에 사용했던 실험 값을 이용하면서 최소의 열을 구해보자.

	0	1	2
0	0	2	2
1	2	1	0
2	2	0	1

위의 배열은 문제에서 설명한 데이터로 반응 후 변화되는 물질을 기록한 것이다. 실제 배열의 인덱스는 0 부터 시작하므로 물질의 번호도 배열 인덱스와 연관되도록 입력되는 물질 번호에서 1 씩 감소시켜 저장한다. 앞으로의 설명을 위해서 물질 번호는 원래 값에서 1 씩 감소시킨 값을 사용한다. 위 표에서의 첫 번째 행과 첫 번째 열은 배열에서는 행과 열 번호를 나타낸다. 따라서 위 배열에서 2 행 2 열의 값이 실제 배열의 1 행 1 열에 해당한다. 다음으로 반응열에 대한 배열은 다음과 같다.

	0	1	2
0	0	-10	3000
1	-10	0	-500
2	3000	-500	0

이제 동적 계획법에 사용할 동적 배열 d 를 정의해보자.

d[i][j][k] : i 번째 순서의 물질부터 j 번째 순서의 물질이 반응하여 k 번 물질로 바뀔 때 반응하는 최소 반응열을 저장하는 배열.

입력되는 유리관의 개수가 20 개 이고, 물질은 최대 6 개이므로 d 배열을 d[20][20][6] 으로 잡는다. 유리관에 들어있는 물질이 "0 1 1 2"일 때, 초기 d 배열은 다음과 같이 정의된다.

0	∞	∞	∞
∞	∞	∞	∞
∞	∞	∞	∞
∞	∞	∞	∞

∞	∞	∞	∞
∞	0	∞	∞
∞	∞	0	∞
∞	∞	∞	∞

∞	∞	∞	∞
∞	∞	∞	∞
∞	∞	∞	∞
∞	∞	∞	0

위의 배열들은 3 차원을 하나씩 표현한 것이다. 첫 번째 배열은 반응 물질이 0 일 경우 최소 반응열을 저장하는 것이다. 두 번째 배열은 물질이 1 인 경우이고, 세 번째 배열은 물질이 2 번인 경우이다. 여기서, 물질 번호는 배열 인덱스에 맞추어 1 씩 뺀 값이며, 앞으로 설명에서도 1 씩 뺀 값을 사용한다.

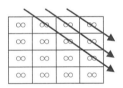

위와 같이 2 차원 배열에 대해서 대각선 DP 를 적용하면 되는 문제이나 3 차원으로 적용해야 한다. 예를 들어, 3 개의 합성 순서 "1 2 3"이 있다고 해보자. 이들은 2 개의 합성 순서에서 1 개의 물질이 추가되는 것이다. 즉, ((1 2) 3) 의 순서나 (1 (2 3)) 의 순서로 구성될 수 있다.

3 차원이 되어야 하는 이유는 4 개의 합성 순서 "1 2 3 4"일 때, ((1 2 3) 4) 만 생각해보자. 여기서, (1 2 3) 의 합성 결과 나온 물질이 ((1 2) 3) 으로 반응하면 결과가 물질 2 가 나오고, (1 (2 3)) 으로 반응하면 결과가 물질 3 이라면, 4 와 다시 반응 할 때는 (((1 2) 3) 4) 와 ((1 (2 3)) 4) 가 최종 반응은 (2 4) 와 (3 4) 가 된다. 따라서,

이용하는 물질이 결과에 따라 사용되는 물질의 개수만큼 이용되므로 3 차원 배열을 사용해야 한다. 위에서 정의했던 배열에 적용해보자.

물질 1 개를 각각 2 개씩 적용해보자. "0", "1", "1", "2" 각각 1 개의 물질에서 앞 뒤에 연결된 2 개를 반응시키면 "0 1", "1 1", "1 2" 가 된다. 배열에 적용해보자. "0 1" ->"2(-10)", "1 1" ->"1(0)", "1 2" ->"0(-500)"으로 바뀐다. 배열에 적용하면 다음과 같이 변경된다.

0	∞	∞	∞
∞	∞	∞	∞
∞	∞	∞	**-500**
∞	∞	∞	∞

∞	∞	∞	∞
∞	0	**0**	∞
∞	∞	0	∞
∞	∞	∞	∞

∞	**-10**	∞	∞
∞	∞	∞	∞
∞	∞	∞	∞
∞	∞	∞	0

각각 반응한 물질에 해당하는 2 차원 배열에 합성된 결과를 저장해준다. 이번에는 다음 대각선을 갱신해보자. "0 1 1"과 "1 1 2"가 된다. 배열에서는 다음 값을 이용하게 된다.

∞	∞	∞	∞
∞	∞	∞	∞
∞	∞	∞	∞
∞	∞	∞	∞

위의 배열에서 살펴보면, d[0][2] 의 값은 {d[0][0], d[1][2]}, {d[0][1], d[2][2]} 위치의 값을 이용하여 갱신된다. 물론, 이 위치에 물질이 존재할 때 계산된다. 우선 {d[0][0], d[1][2]} 위치의 값을 살펴보면 d[0][0] 위치에 존재하는 물질은 0 번 물질이고, d[1][2] 에 존재하는 물질은 1 번 물질이다. 아래 3 차원의 배열을 살펴보면 굵게 표시한 위치의 값들이다.

0	∞	∞	∞
∞	∞	∞	∞
∞	∞	∞	−500
∞	∞	∞	∞

∞	∞	∞	∞
∞	0	0	∞
∞	∞	0	∞
∞	∞	∞	∞

∞	−10	∞	∞
∞	∞	∞	∞
∞	∞	∞	∞
∞	∞	∞	0

이때, d[0][0][0] + d[1][2][1] 의 반응열에 '0' 과 '1' 이 반응할 때 발생되는 열을 더해준다. 0+0-10 이 되어 반응열은 −10 이 된다. 여기서, '0' 과 '1' 이 반응한 후에 생성되는 물질은 '2' 이다. 따라서, d[0][2] 의 위치 중에서 물질 '2' 에 해당하는 값을 갱신해준다. 즉, 다음과 같다.

0	∞	∞	∞
∞	∞	∞	∞
∞	∞	∞	−500
∞	∞	∞	∞

∞	∞	∞	∞
∞	0	0	∞
∞	∞	0	∞
∞	∞	∞	∞

∞	−10	−10	∞
∞	∞	∞	∞
∞	∞	∞	∞
∞	∞	∞	0

다음으로 {d[0][1], d[2][2]} 의 위치에는 위의 배열을 참고해보면, d[0][1] 은 '2' 번 물질이 존재하고, d[2][2] 은 '1' 번 물질이 존재한다. 반응열은 d[0][1][2] + d[2][2][1] + '2' 와 '1' 의 반응열로 계산하면 −10+0−500 = −510 이 된다. 이때, '2' 와 '1' 이 반응하면 '0' 번 물질이 된다. 이 값을 d[0][2] 위치의 0 번 물질에 해당하는 위치에 값을 갱신해준다. 즉, 다음과 같다.

0	∞	−510	∞
∞	∞	∞	∞
∞	∞	∞	−500
∞	∞	∞	∞

∞	∞	∞	∞
∞	0	0	∞
∞	∞	0	∞
∞	∞	∞	∞

∞	−10	−10	∞
∞	∞	∞	∞
∞	∞	∞	∞
∞	∞	∞	0

d[0][2]의 위치에는 두 가지 물질 '0'과 '1'로 생성된다. 이런식으로 대각선으로 갱신하면 최종적으로 다음과 같이 갱신된다.

0	∞	−510	**−500**
∞	∞	∞	−500
∞	∞	∞	−500
∞	∞	∞	∞

∞	∞	∞	∞
∞	0	0	∞
∞	∞	0	∞
∞	∞	∞	∞

∞	−10	−10	2490
∞	∞	∞	−510
∞	∞	∞	∞
∞	∞	∞	0

이때 d[0][3] 에 저장된 값들 중 가장 작은 값이 최종 결과가 된다. 그런데, 이때의 결과가 최적이 아니다. 이 문제는 실험 물질의 순서를 바꾸어서 더좋은 결과가 나온다면 실험 순서를 바꾸어도 된다. 따라서, "1 2 2 3"을 다음 순서를 만들어내는 next_permutation 을 이용해서 다음과 같이 여러 실험 순서를 만들어낼 수 있다.

1 2 2 3
1 2 3 2
...
3 2 2 1

그러나, 시간을 계산해보면 실험에 사용되는 물질의 개수가 6 개이고, 순서에 나오는 물질의 개수가 20 개이므로 다음과 같이 계산된다.

$$O(20) = 20! * \frac{20 * 19}{2}$$

시간은 20! 로 인하여 허용된 3 초를 넘어가게 된다. 따라서, 동적 계획법이지만 문제의 솔루션으로는 적합하지 못하다. 두 번째 솔루션을 다시 알아보도록 하자. 우선 첫 번째 동적 계획법의 코드는 다음과 같다.

```
#include <iostream>
#include <algorithm>

using namespace std;

int main()
{
  int t, i, j, k, ii, jj, m, n, tt, mn, mx = INT_MAX >> 2;
  int material[6][6], heat[6][6], mat, order[20];
  int d[20][20][6];
  char c;


  cin >> t;
  while (t--) {
    cin >> n;
    for (i = 0; i < n; i++) {
      for (j = 0; j < n; j++) {
        cin >> material[i][j] >> heat[i][j];
        --material[i][j];
      }
    }

    cin >> m;
    for (i = 0; i < m; i++) {
      cin >> order[i];
```

```
  --order[i];
}


sort(order, order+m);
mn = INT_MAX;


do {
  for (i = 0; i < m; i++) {
    for (j = 0; j < m; j++) fill(d[i][j], d[i][j]+6, mx);
    d[i][i][order[i]] = 0;
  }


  for (i = 1; i < m; i++) {
    for (j = 0; j < m-i; j++) {
      for (k = j; k < i+j; k++) {
        for (ii = 0; ii < n; ii++) {
          if (d[j][k][ii] != mx) {
            for (jj = 0; jj < n; jj++) {
              if (d[k+1][i+j][jj] != mx) {
                tt = d[j][k][ii]+d[k+1][i+j][jj]+heat[ii][jj];
                mat = material[ii][jj];
                d[j][i+j][mat] = min(d[j][i+j][mat], tt);
              }
            }
          }
        }
      }
```

```
        }
      }
    }

    for (i = 0; i < n; i++) mn = min(mn, d[0][m-1][i]);
  } while (next_permutation(order, order+m));

  cout << mn << endl;

  cin >> c;
 }
}
```

두 번째 풀이

이번에는 조금 다른 동적계획법 솔루션을 알아보자. 이 문제는 6 가지의 물질이 든 시험관을 사용한다. 따라서, 현재 상태에서 남은 물질을 하나씩 결합하여 다음 상태를 만들어 낼 수 있다. 첫 번째 입력 예제를 통해서 살펴보자. 결합에 사용되는 물질은 "1 2 2 3" 이다. 물질의 개수로 저장하면 다음과 같다.

1	2	3	4	5	6
1	2	1	0	0	0

물질의 개수에 해당하는 값이 이미 계산되었다면 계산된 결과를 사용하고, 그렇지 않은 경우 해당 개수의 값을 계산할 것이다. 그렇다면 현재 개수의 상태를 나타낼 수 있어야 한다. 이 문제에서 전체 실험 물질의 개수는 최대 20 개이다. 따라서, 물질의 개수에 해당하는 상태를 유일한 값으로 계산하려면 21 진수로 표현하면 된다. 예를

들어, 물질의 순서에 따라 "1 2 1 0 0 0"개의 상태는 $1*21^5 + 2*21^4 + 1*21^3 + 0*21^2 + 0*21^1 + 0*21^0$ 으로 표현할 수 있다.

현재 상태에서 1 개 이상이 존재하는 i 번 물질과 j 번 물질을 반응시켜서 새로운 상태의 값을 구해야 한다. 그런데, (i, j) 로 반응하나 (j, i) 로 반응하거나 반응열과 변하는 물질이 같은 경우는 둘 중 한번만 하도록 한다. 만일, i 번 물질과 j 번 물질이 반응하여 k 번 물질이 된다면, i 와 j 번 물질의 개수는 1 줄여주고, k 번 물질은 개수를 1 증가시켜서 새로운 상태가 되도록 한 뒤, DFS 로 다음 상태를 검사하도록 한다. 이때, 이미 해당하는 상태의 값을 계산했었다면 현재 반응한 후의 열이 저장된 열보다 크거나 같다면 DFS 를 돌지 않도록 커팅하도록 한다.

알고리즘으로 보면 DFS 이지만 이전의 상태를 효율적으로 저장하여서 이 결과를 사용하므로 동적계획법의 일종인 메모리 저장기법이라고 한다. 코드는 다음과 같다.

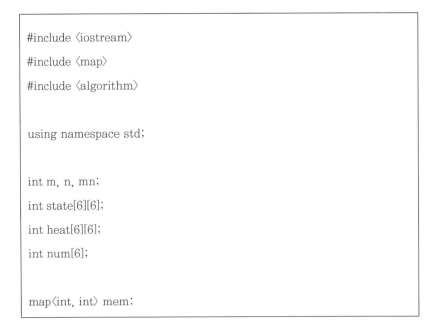

```cpp
#include <iostream>
#include <map>
#include <algorithm>

using namespace std;

int m, n, mn;
int state[6][6];
int heat[6][6];
int num[6];

map<int, int> mem;
```

```
void DFS(int no, int h)
{
  if (no == 1) {
    mn = min(mn, h);
    return;
  }

  int i, j, k, r, x;

  for (i = 0; i < m; i++) {
    // i 번 물질이 남은 경우
    if (num[i] > 0) {
      --num[i];

      for (j = 0; j < m; j++) {
        // i 번 물질이 남은 경우
        // i 와 j 로 선택할 때와 j 와 i 로 반응 시킬 때 상태나
        // 온도가 다르면 순서에 관계없이 무조건 DFS 를 실행하고
        // 동일한 경우 두가지 상태중 한번만 반복 되도록 j <= i 인
        // 경우만 DFS 를 돌도록 한다.
        if (num[j] > 0 && (j <= i || state[i][j] != state[j][i] ||
            heat[i][j] != heat[j][i])) {
          --num[j];
          ++num[state[i][j]];
```

```
    // 21 진법 변환
    r = 0;
    x = 1;
    for (k = 0; k < m; k++)                                    {
      r += num[k] * x;
      x *= 21;
    }


    // 해당하는 값이 없거나 반응열이 더 낮은 경우 갱신
    if (mem.find(r) == mem.end() || h+heat[i][j] < mem[r]) {
      mem[r] = h + heat[i][j];
      DFS(no - 1, h + heat[i][j]);
    }


    --num[state[i][j]];
    ++num[j];


        }
      }


    ++num[i];
    }
  }
}

int main()
```

```
{
  int t, i, j;
  char ch;




  cin >> t;
  while (t--) {
    cin >> m;
    for (i = 0; i < m; i++)                              {
      for (j = 0; j < m; j++)                            {
        cin >> state[i][j] >> heat[i][j];
        --state[i][j];
      }
    }
    fill(num, num+m, 0);

    cin >> n;
    for (i = 0; i < n; i++) {
      cin >> j;
      num[j-1]++;
    }

    mn = INT_MAX;
    mem.clear();
    DFS(n, 0);
```

```
    cout << mn << endl;


    cin >> ch;
  }


  return 0;
}
```

Chapter 26
D y n a m i c   P r o g r a m m i n g

UVA10534 웨이비오 수열

웨이비오는 정수 수열이다. 이 수열은 재밌는 속성을 갖는다.

☐ 웨이비오는 홀수 길이를 갖는다. 즉, L = 2*n + 1 이다.

☐ 웨이비오 수열의 처음 (n+1) 개의 정수는 증가 수열로 구성된다.

☐ 웨이비오 수열의 마지막 (n+1) 개의 정수는 감소 수열로 구성된다.

☐ 웨이비오 수열에서 인접한 두 정수가 같을 경우는 없다.

예를 들어, 1, 2, 3, 4, 5, 4, 3, 2, 0 는 길이가 9 인 웨이비오 수열이다. 그러나, 1, 2, 3, 4, 5, 4, 3, 2, 2 는 올바른 웨이비오 수열이 아니다. 이 문제에서는 정수 수열이 주어진다. 주어진 수열에서 가장 진 웨이비오 부분 수열의 길이를 찾아내어라. 주어지는 수열의 한 예가 다음과 같다.

1 2 3 2 1 2 3 4 3 2 1 5 4 1 2 3 2 2 1.

위의 수열에서 가장 긴 웨이비오 수열은 1 2 3 4 5 4 3 2 1 이다. 그래서, 출력은 9 가 될 것이다.

입력

입력은 75 개 미만의 테스트 데이터로 구성된다. 각 테스트 데이터는 다음과 같이 구성되며, EOF 로 끝난다.

각 테스트 데이터는 1 ～ 10,000 사이의 양의 정수로 시작된다. 다음부터 N 개의 정수가 입력된다.

출력

각 테스트 데이터에 대해서 최장 웨이비오 수열의 길이를 한 줄씩 출력하여라.

입력 예제

```
10
1 2 3 4 5 4 3 2 1 10
19
1 2 3 2 1 2 3 4 3 2 1 5 4 1 2 3 2 2 1
5
1 2 3 4 5
```

출력 예제

```
9
9
1
```

메모장

풀이

이 문제는 우선 LIS 를 앞에서 그리고, 뒤에서 한번씩 총 2 번 실행해가면 된다. 문제는 시간을 단축하기 위해서 단순히 순차적으로 앞에서 작은 값을 찾기 보다는 현재까지 저장된 증가 수열을 계속 저장해서 빠르게 검색해야 한다. 계속 저장하며 업데이트하는 방법을 알아보자. 첫 번째 입력 예제를 대상으로 적용해보자.

a	1	2	3	4	5	4	3	2	1	10
l	0	0	0	0	0	0	0	0	0	0
m l	0	0	0	0	0	0	0	0	0	0

위 배열에서 a 배열은 입력된 데이터이고, l 배열은 현재 원소까지 최장 증가 수열의 길이를 저장하는 것이고, ml 배열은 누적된 최대 길이를 저장하는 배열이다. 일단 LIS 를 실행해보자. 현재 수열을 저장할 배열을 따로 하나더 사용한다.

d	1					

실제 증가 수열을 저장하는 배열을 d 배열이라고 하자. 첫 번째 원소를 먼저 하나 집어 넣고 l 배열과 ml 배열도 갱신해준다.

a	1	2	3	4	5	4	3	2	1	10
l	**1**	0	0	0	0	0	0	0	0	0
ml	**1**	0	0	0	0	0	0	0	0	0

이제 두 번째 원소를 넣어보자. d 배열에 넣을 때 가장 마지막 원소를 먼저 비교해본다. 삽입하는 원소가 마지막 원소보다 크다면 마지막에 바로 넣도록 한다. 현재는 마지막에 들어간다. 그럼 배열이 다음과 같이 전부 수정된다.

d	1	2			

a	1	2	3	4	5	4	3	2	1	10
l	1	**2**	0	0	0	0	0	0	0	0
ml	1	**2**	0	0	0	0	0	0	0	0

현재 배열에서 다섯 번째 원소까지는 마지막에 계속 추가만 일어난다. 즉, 다음과 같이 갱신된다.

d	1	2	3	4	5

a	1	2	3	4	5	4	3	2	1	10
l	1	2	3	4	**5**	0	0	0	0	0
ml	1	2	3	4	**5**	0	0	0	0	0

다음 수 4 를 찾으면 가장 마지막 수보다 작으므로 이진 탐색으로 현재의 값과 같거나 큰 위치를 찾는다.

d	1	2	3	**4**	5

네 번째에 위치하므로 현재 데이터가 포함되는 최장 길이는 4 가 되지만 누적 최대 값은 이전의 값인 5 이다. "4 3 2 1"로 점점 줄어 들므로 최장길이도 역시 4, 3, 2, 1 이 되지만 이들은 이전의 누적 값보다 작으므로 최대 누적 값은 5 가 된다. 따라서, 배열은 다음과 같이 갱신된다.

a	1	2	3	4	5	4	3	2	1	10
l	1	2	3	4	5	4	3	2	1	**6**
ml	1	2	3	4	5	5	5	5	5	**6**

마지막의 10 은 d 배열의 마지막 값보다 더 크므로 길이가 1 증가 된다. 이제 뒤에서부터 LIS 를 시작해보자.

a	1	2	3	4	5	4	3	2	1	10
l	1	2	3	4	5	4	3	2	1	6
ml	1	2	3	4	5	5	5	5	5	6
l2	0	0	0	0	0	0	0	0	0	1

d	10				

Max = max(min(l, l2), Max) = 1

실제 프로그램에서는 l2 배열은 사용하지 않고도 현재 길이만 저장해 갈 수 있다. 위 배열에서는 설명을 위해서 l2 에 뒤에서부터 LIS 를 적용한 결과를 저장할 것이다. 뒤에서 첫 번째 수를 집어 넣으면 위와 같이 l2 이 가장 마지막 값이 길이로 1 이 된다. 그리고, 최장 증가 수열을 저장할 d 배열도 첫번째 원소 하나를 삽입하며 초기화 된다.

그 다음 수 1 을 넣어보자. 현재 최장 증가 수열을 저장하는 d 배열에서 1 보다 크거나 같은 위치를 찾아서 갱신하면 d 는 다음과 같이 갱신된다.

d	1				

원래의 배열은 다음과 같이 갱신된다.

a	1	2	3	4	5	4	3	2	1	10
l	1	2	3	4	5	4	3	2	1	6
ml	1	2	3	4	5	5	5	5	5	6
l2	0	0	0	0	0	0	0	0	1	1

Max = 1

앞으로 이동해가면 5 가 나올 때까지는 1 씩 증가되므로 d 배열과 실제 배열들은 다음과 같이 수정된다.

d	1	2	3	4	5

a	1	2	3	4	5	4	3	2	1	10
l	1	2	3	4	5	4	3	2	1	6
ml	1	2	3	4	**5**	5	5	5	5	6
l2	0	0	0	0	**5**	4	3	2	1	1

Max = **5**

현재 상태에서 최대 값은 5 로 구해졌다. 다음 숫자는 4 로 더 작은 값이다. 이때 길이는 4 가 누적된 최대 길이는 5 이다. 뒤에서부터 누적된 길이가 ml 배열의 길이보다 커지면 실행을 중단하도록 한다. 더 이상 반복을 하더라도 5 보더 더 긴 길이가 나올수 없기 때문에 중단하도록 한다. 코드는 다음과 같다.

```
#include <iostream>

using namespace std;

int a[10000], d[10000], l[10000];

int BinarySearch(int len, int x)
{
```

```
    int left = -1, right = len-1, mid;

    while (left < right-1) {
      mid = (left+right) / 2;

      if (d[mid] == x) {
        // 만일 mid 위치의 원소와 값이 같다면, 현재 수열의 길이는
        // 배열이 0 부터 시작하므로 mid+1 이 된다,
        return mid+1;
      }
      else if (d[mid] > x) right = mid;
      else left = mid;
    }

    d[right] = x;
    return right+1;
  }

int main()
{
  int i, ll, num, ml[10000];
  int len, mx;

  while (cin >> num) {
    for (i = 0; i < num; ++i) cin >> a[i];
```

```
// 앞에서 부터 LIS
len = mx = l[0] = ml[0] = 1;
d[0] = a[0];

for (i = 1; i < num; i++) {
  // 마지막에 저장된 값보다 크면 무조건 마지막 원소로
  // 저장하고, 해당 길이도 저장한다.
  if (a[i] > d[len-1]) {
    d[len++] = a[i];
    l[i] = len;
  }
  else {
    // 이분 검색으로 현재값보다 큰 값을 찾는다.
    l[i] = BinarySearch(len, a[i]);
  }

  // 최대 길이를 배열에 저장해둔다.
  ml[i] = mx = max(mx, l[i]);
}

// 뒤에서부터 LIS
d[0] = a[num-1];
len = 1;
mx = 0;

for (i = num-2; i >= 0; i--) {
```

```
        // 마지막 값이 현재 값보다 작으면 그 뒤에 현재값 저장한다.
        if (a[i] > d[len-1]) {
          d[len++] = a[i];
          ll = len;
        }
        else {
          // 이분 검색으로 현재 값보다 큰 값을 찾는다.
          ll = BinarySearch(len, a[i]);
        }

        // 최대값 갱신
        mx = max(min(l[i], ll), mx);

        // 최대값보다 작거나 같아지면 중단
        if (ml[i] <= mx) break;
      }

      // 개수는 최대 길이 * 2 - 1 개가 된다.
      cout << 2*mx-1 << endl;
    }

  return 0;
}
```